Jonathan Carroll -
Schwarze Systeme der Romantik

TEXTE UND MATERIALIEN ZUR PHANTASTISCHEN LITERATUR
Band 4

Herausgegeben von

Thomas Tilsner
Sascha Mamczak
Ute Perchtold
Olaf Rappold

JONATHAN CARROLL
Schwarze Systeme der Romantik

Herausgegeben von
Frank Duwald

Für Regina

Originalausgabe
Verlag Thomas Tilsner
Alle Rechte vorbehalten.

© 1993 by Verlag Thomas Tilsner und den Urhebern.
Das Werk einschließlich aller seiner Teile ist urheberrechtlich geschützt.
Jede Verwertung außerhalb der engen Grenzen des Urheberrechtsgesetzes
ist ohne Zustimmung des Verlages unzulässig und strafbar.
Das gilt insbesondere für Vervielfältigungen, Übersetzungen,
Mikroverfilmungen und die Einspeicherung und Verarbeitung
in elektronischen Systemen.
© Fotos: Bela Borsodi (S. 22, 86) und Seamus A. Ryan (S. 8)
»Die Elchkirche« (The Moose Church)
© 1992 by Jonathan Carroll.
Abdruck mit freundlicher Genehmigung der Liepmann AG, Zürich.

Printed in Germany

ISBN 3-910079-03-2 (Paperback)
ISBN 3-910079-09-1 (Gebunden)

ISSN 0937-5872
(Texte und Materialien zur phantastischen Literatur)

Die Deutsche Bibliothek - CIP-Einheitsaufnahme

Jonathan Carroll : schwarze Systeme der Romantik /
hrsg. von Frank Duwald. -
München : Tilsner, 1993
(Texte und Materialien zur phantastischen Literatur ; Bd. 4)
ISBN 3-910079-03-2 Pb.
ISBN 3-910079-09-1 Gb.
NE: Duwald, Frank (Hrsg.); GT

Weitere Titel der Reihe *Texte und Materialien zur phantastischen Literatur*
sind in Vorbereitung. Ein Verlagsprogramm schickt Ihnen gerne
Verlag Thomas Tilsner, Karl-Theodor-Str. 66, 80803 München.

INHALT

	Seite
Chronologie	6
Vorwort	9
Jonathan Carroll - Werk und Leben *von Frank Duwald*	11
Der laute Träumer - Ein Interview *von Wolfgang Ritschl und Walter Gröbchen*	23
Zwischen Lederjoppen und Blechmusik Jonathan Carrolls Wien *von Franz Rottensteiner*	31
Schutzengel und Seelendetektive Die Romane und Novellen Jonathan Carrolls *von Stefan Linder*	39
Die Zerstörungskraft des Phantastischen Einige subjektive Anmerkungen zu Jonathan Carrolls Erzählungen *von Volkher Hofmann*	87
Literarische Fischsuppe und Blumen aus Afghanistan Zu Besuch bei Jonathan Carroll - Ein Interview *von Michael Engelbrecht*	101
Das Land der Väter *von Uwe Vöhl*	113
Ein Gespräch mit Jonathan Carroll *von D. H. Olson*	121
Die Elchkirche Kurzgeschichte *von Jonathan Carroll*	137
Bibliographie Jonathan Carroll *von Frank Duwald*	147
Quellen- und Copyright-Hinweise	155
Über die Autoren	156

CHRONOLOGIE

1949	Geburt am 26. Januar in New York City als Sohn von June und Sidney Carroll.
1949-1964	Verbringt seine Kindheit und Jugend weitgehend in Dobbs Ferry, New York.
1964-1967	Wird von seinen Eltern auf die Loomis School in Windsor, Connecticut, geschickt.
1967-1971	Besuch der Rutgers University in New Brunswick, New Jersey. Abschluß mit einem Bachelor of Arts.
1971	Heirat mit Beverly Schreiner.
1972	Anstellung als Englischlehrer an der North State Academy in Hickory, North Carolina (existiert nicht mehr). Erste nicht-professionelle Kurzgeschichten. Schreibt ersten Roman *Looney Tunes* (unveröffentlicht). Ein kurzer Auszug daraus erscheint 1992 unter dem Titel »The Discovery of Running Bare«.
1973-1974	Absolvierung der Graduate School an der University of Virginia. Abschluß mit einem Master of Arts.
1974-1975	Tätigkeit als Lehrer an der St. Louis Country Day School in St. Louis. Arbeiten an zweitem Roman *Popeye Money* (unveröffentlicht).
1975	Umzug nach Wien. Beginn einer Lehrertätigkeit an der dortigen American International School.
1976	Erste professionelle Veröffentlichung mit der Kurzgeschichte »The Party at Brenda's House«.
1980	Geburt des Sohnes Ryder Pierce. Publikation des dritten Romans *The Land of Laughs*.
1982	Publikationen: »The Jane Fonda Room« und »The Fall Collection« (letztere ausschließlich in deutscher Sprache).
1983	Publikationen: »Florian« (erneut nur in deutscher Sprache) und *Voice of our Shadow*.
1984	Publikation: »Postgraduate«.
1986	Publikation: »Friend's Best Man«.
1987	Drehbuch für den deutschen Spielfilm *Der Joker* (Regie: Peter Patzak) mit Rockheuler Peter Maffay in der Hauptrolle. Publikation: *Bones of the Moon*.
1988	»Friend's Best Man« wird als beste phantastische Kurzgeschichte in den USA mit dem World Fantasy Award ausgezeichnet.

	Sidney Carroll stirbt nach langer Krankheit. Publikationen: »My Zoondel« (nur in deutscher Sprache) und *Sleeping in Flame*.
1989	Publikation: Kurzgeschichtensammlung *Die panische Hand* (ausschließlich in deutscher Sprache mit den Welterstveröffentlichungen »The Panic Hand«, »The Sadness of Detail«, »A Bear in the Mouth«, »The Lick of Time« und »The Dead Love You«). Weitere Publikationen: *A Child Across the Sky* (unter Verwendung der Kurzgeschichten »Mr. Fiddlehead« und »A Quarter Past You«) und »Tired Angel«. *The Land of Laughs* wird in Frankreich mit dem Prix Apollo ausgezeichnet. *Sleeping in Flame* wird für den World Fantasy Award nominiert.
1990	Publikation: *Black Cocktail* (mit Illustrationen des Comic-Künstlers Dave McKean). *A Child Across the Sky* und »Mr. Fiddlehead« werden für den World Fantasy Award nominiert.
1991	Publikation: *Outside the Dog Museum* (unter Verwendung der Kurzgeschichte »The Art of Falling Down«). Bullterrier Nails (= Nagel) stirbt im Alter von siebzehn Jahren. *Black Cocktail* wird für den World Fantasy Award nominiert.
1992	Publikationen: »The Life of My Crime«, *After Silence* und »Uh-Oh City«. Schreibt Drehbuch zu *Voice of our Shadow* (bisher nicht realisiert). *Outside the Dog Museum* gewinnt den World Fantasy Award. Weitere Publikation: Kurzgeschichte »Learning to Leave«.
1993	Projekte: Kurzgeschichte »A Wheel in the Desert, the Moon on Some Swings«, Roman *From the Teeth of Angels* und das Drehbuch zum Fernsehfilm *Breathing You* (eine Liebesgeschichte) unter der Regie von Peter Patzak.

VORWORT

Jonathan Carrolls Romane und Short Stories bieten für mich alles das, was man von einer guten Geschichte nur erwarten kann. Sie sind anrührend, gehen zu Herzen, ohne je auf eine billige Art und Weise die Tränendrüsen zu aktivieren, bieten in ihrer Mixtur aus beinahe banalem Realismus und wahrhaft wahnwitziger Phantastik immer interessante Plots und sind zudem stets eine intellektuelle Herausforderung, die auch eine wiederholte Lektüre lohnenswert macht. Trotz eher einfacher Sprache und linearer Handlungsverläufe sind sie aber auch Werke von bestechender Schönheit, die - das ist meine feste Überzeugung - dazu in der Lage sind, eine Lebenssicht nachhaltig zu verändern. Erst recht bemerkenswert wird ein Autor insbesondere dann, wenn er all diese glücklichen Eigenschaften in einer derart lesbaren und unterhaltsamen Form darzustellen in der Lage ist, wie das Jonathan Carroll gelingt.

Dieses Buch ist ein erster Versuch, etwas Licht auf die Person Jonathan Carroll, auf seine Ambitionen und Ziele zu werfen. Drei, wie ich meine, sehr aussagekräftige Interviews, eine neue Kurzgeschichte Carrolls und themenspezifische Aufsätze und Essays verschiedener Autoren vermögen es, so hoffe ich, eine solide Interpretationsgrundlage und -hilfe zu Carrolls Romanen und Erzählungen zu liefern.

Ich will nicht so weit gehen und behaupten, Jonathan Carroll habe dieses Buch autorisiert, doch hat er immerhin sein Wohlwollen ausgedrückt, indem er die biographischen Daten prüfte, so daß dieses Buch zumindest faktisch weitgehend fehlerfrei sein dürfte.

Mein Kontakt zu Jonathan Carroll bewegte sich zunächst ausschließlich über den Postweg und offenbarte, daß Carroll anfangs meinem Buch eher pflichtbewußt denn begeistert gegenüberstand, und doch bildete sich bereits aus seinen knappen Zeilen für mich das persönliche Bild eines bescheidenen und zurückhaltenden Mannes, dessen Werk absolute Priorität vor seiner Persönlichkeit genießt. Meine Ankündigung, ein Buch über ihn zusammenzustellen, ob er nun ja sage oder nicht, wiegelte er ab, indem er zurückschrieb: »Die Veröffentlichung eines Buches von zweihundert Seiten Länge über mein Werk ist schwer vorstellbar für mich. Wenn Sie mir die Frage gestatten: Was kann es nur enthalten, um soviel Platz und Papier auszufüllen?«

Davon können Sie sich nun überzeugen. In der Regel deutsche Erstveröffentlichungen, eigens für diesen Band geschriebene Aufsätze oder zumindest revidierte und erweiterte Arbeiten, die Ihnen hoffentlich die Fragen beantworten, die nach der Lektüre von Carrolls Werk aufgetaucht sind.

Ein Hinweis zur Benutzung noch. Da in deutschen Übersetzungen die Titel der Geschichten Carrolls nicht immer sinngemäß übertragen werden, nennen wir im Textteil ausschließlich die amerikanischen Originaltitel. Die Identifizierung entsprechender deutscher Übersetzungen kann jedoch problemlos durch die Bibliographie am Ende des Buches erfolgen. Dies vereitelt ein kaum wünschenswertes Gewimmel von Fußnoten und Anmerkungen zu deutschsprachigen Ausgaben im Textteil.

Bleibt nun die angenehme Aufgabe, all denen zu danken, die sich so begeistert für dieses Buch eingesetzt haben: Astrid Brown-Bell war stets zur Stelle, wenn ich Differenzen mit der englischen Sprache hatte, und aus für mich schier unüberwindlichen Textverarbeitungsproblemen rettete mich Dieter Duwald. Franz Rottensteiner brachte durch seine freundliche Unterstützung und Vermittlertätigkeit alles eigentlich erst richtig ins Rollen.

Außerdem haben alle nachfolgenden Kollegen, Bekannte und Unbekannte auf ihre Art zum Buch beigetragen: Jane Blackstock, Walter Gröbchen, Eric Heideman, Wolfgang Jeschke, Stefan Linder, Anja Michels, D.H. Olson, Christiane Schreiter, Christoph Steinrücken und Ramona Wegner.

Wie könnte man ein derart langfristiges Projekt ohne Freunde durchstehen? Ich danke deshalb Michael Engelbrecht für seine massive Inspiration, für den Spirit, für die Träume - und für den Titel dieses Buches. Auch meinen beiden Freunden Uwe Vöhl und Volkher Hofmann danke ich von ganzem Herzen: für alles.

Zu guter Letzt danke ich Jonathan Carroll. Alle deine Leser wissen, wofür.

Frank Duwald
Breckerfeld, Januar 1993

Jonathan Carroll

Werk und Leben

Frank Duwald

Schreiben sei das Ergebnis einer Neurose, sagt Jonathan Carroll: »Ich glaube nicht, daß es das Resultat eines friedvoll-häuslichen Lebens in einem behaglichen Wohnzimmer des Unterbewußtseins ist. Du willst veröffentlicht werden, anerkannt werden, und du willst, daß die Leute sagen »dieser Typ ist bedeutsam.« In Wirklichkeit aber, wenn du am Beginn stehst, bist du nicht bedeutsam. Du kopierst Salinger oder King oder wen auch immer. Du veränderst dich erst, wenn du weitermachst.«[1]

Der Mann, der das sagt, hat *damit* heute keine Probleme mehr. Er hat, und das von seinem ersten veröffentlichten Roman *The Land of Laughs* an, seine eigene Stimme gefunden, seine Bücher werden inzwischen gekauft (*Outside the Dog Museum* war sogar kurzzeitig in einer amerikanischen Bestsellerliste zu finden), und die Kritiker verhalten sich schon seit langem sehr wohlwollend. Aber über Neurosen hat Carroll trotzdem viel zu erzählen, bislang in sieben Romanen, zwei Novellen und einem guten Dutzend Kurzgeschichten.

Jonathan Carroll ist als Schriftsteller eine Ausnahmeerscheinung. Nicht nur, daß er als Amerikaner seit vielen Jahren in Wien lebt, hebt ihn so drastisch von seinen Landsleuten ab, seine Bücher und Kurzgeschichten sprechen auch diese vollkommen eigene Sprache. Zumeist handeln sie von netten, gebildeten, kultivierten und beruflich erfolgreichen Menschen, die ihr bisheriges Leben mit außergewöhnlich geschärftem Blick bewerten und verzweifelt nach all den unerreichten Schönheiten irdischer Existenz greifen, die ihnen jedoch nie vollends vergönnt sind. Gewöhnlich plappern sie in der ersten Person über ihre Träume und Sehnsüchte, ganz so, daß ihre Stimmen geisterhaft in unseren Ohren nachhallen. Immer steht ihre Liebe einer destruktiven Energie gegenüber und manifestiert so wahrhaft schwarze Systeme der Romantik. Mir persönlich boten diese Bücher eine traumähnliche Erfahrung. Trotz mehrmaligen Lesens bemerkte ich, daß sich zahlreiche Mosaikstückchen der komplexen Gesamtheit schon nach kurzer Zeit wieder in seltsam nebulöse Schwaden verflüchtigten. Bei jeder wiederholten Lektüre glaubte ich etwas zu entdecken, das ich zuvor nicht gelesen hatte, obwohl ich mir grundsätzlich Mühe gebe, ein gewissenhafter, jeden Partikel aufnehmender Leser zu sein. Eine nie zuvor erlebte literarische Erfahrung.

Jonathan Carroll hat von Beginn an die einfache Formel verstanden, die große Literatur signalisiert: »Der einzige reale Schrecken ist die Qual oder der Tod geliebter Menschen.«[2] Nicht anders sind seine Romane konstruiert. Mit ungewöhnlicher Hingabe baut Carroll eher zu Lasten eines ereignisreichen Plots seine Charaktere auf, die schon bald derart reale Formen annehmen, daß man sie sich zuweilen zu Freunden wünscht. »Ich mag es, Charaktere zu kreieren, denen wir liebend gern beim Erzählen zuhören oder möglicherweise beim Dinner Gesellschaft leisten würden«[3], erklärt Carroll in wenigen treffenden Worten seine Rezeptur. »Ich bin einer von diesen Autoren, die gewöhnlich eine Geschichte mit einem Charakter vor Augen beginnen und ihn dann in eine bestimmte Situation versetzen.«[4] Über dieses atmende Personal erreicht Carroll uns Leser an einem sensiblen Punkt. Ist die Freundschaft zwischen Leser und Romanfigur erst geschlossen, hat Carroll alle Fäden in der Hand und kann allein entscheiden, wann gelacht und wann geweint wird.

Dies erklärt auch gleichzeitig die Ebene, auf der sein Werk funktioniert. Ein warmherziger - vornehmer, um Carrolls Worte zu gebrauchen - Erzählstil, mit beinahe sichtbaren Konturen geschaffene Charaktere, und eine behutsam beginnende Geschichte, die in ihrer ersten Hälfte mit sprühendem Humor und Esprit die Alltäglichkeiten des Lebens im zwanzigsten Jahrhundert widerspiegelt, dann jedoch zunehmend verunsichernd surreale Züge annimmt und letztlich sämtliche Mauern der Realität einstürzen läßt und die ahnungslosen Menschen in ein Netz aus Magie und Paranoia manövriert. Spätestens dann hat Carroll die Struktur unserer realen Welt derart zersetzt, daß sogar Auftritte sprechender Hunde, fliegender Kinder und der Schöpfungen der Gebrüder Grimm möglich sind. Ein Magazin titulierte Carroll deshalb äußerst treffend als »bösen Märchenonkel«[5], eine Bezeichnung, die natürlich nur eine Facette Carrolls trifft. »Es mag gemein sein, aber ich möchte den Leser schlagen, wenn er ein Streicheln oder derlei erwartet«[6], und das beherrscht Carroll meisterhaft.

Seit *Bones of the Moon* schreibt Jonathan Carroll hauptberuflich, zu Lasten seiner Lehrertätigkeit an der Wiener American International School. Die literarische Vergangenheit reicht jedoch wesentlich weiter zurück. Bereits als Student übte er sich im Zuge von *creative writing*-Lehrgängen an Lyrik und Kurzgeschichten, eigenen Angaben zufolge bedeutungslosen Plagiaten. 1972, inzwischen selbst Lehrer, reichte sein Ehrgeiz soweit, einen ersten Roman, *Looney Tunes*, zu verfassen, dem 1974/75 die Arbeiten am zweiten Roman *Popeye Money* folgten. Für beide Werke interessierte sich kein Verleger, so daß sie bis heute unveröffentlicht blieben. Jetzt, da Jonathan Carroll keine Schwierigkeiten mehr hätte, seine beiden Frühwerke, die er selbst als eher realistische, »mit schwarzem Humor durchsetzte«[7] Geschichten einordnet, zu veröffentlichen, hat er das Interesse daran verloren. Auf meine Frage, ob er eine Chance sähe, daß ich sie jemals lesen könne, antwortete er: »Ja. Wenn ich tot bin.« Trotzdem gab er kürzlich einen Auszug aus *Looney Tunes* unter dem Titel »The Discovery of Running Bare« als Kurzgeschichte zum Abdruck frei.

Obwohl immer noch einer Reihe von Vorbildern verhaftet, kann Carrolls erster veröffentlichter Roman *The Land of Laughs* (1980) als in sich völlig eigenständig und neuartig eingestuft werden. Das Buch stand jedoch von vornherein auf verlorenem Posten. Der US-Verlag Viking plazierte *The Land of Laughs* in seinem literarischen Programm, und trotz einiger wohlwollender Kritiken ging das Buch völlig unter. Selbst Viking-Hausautor Stephen King - bekannt für seine sorglosen Lobeshymnen auf Buchumschlägen - äußerte sich nicht, als man ihm die Druckfahnen zusandte. Eine Reaktion erfolgte erst auf die Taschenbuchausgabe. In einem inzwischen legendären Brief an Jonathan Carroll schrieb King: »Mann, habe ich die Scheiße auf einmal hinuntergeschlungen. Ich erinnere mich nicht mehr, wann mich ein phantastischer Roman zuletzt so umgeworfen hat - es war ein bißchen, als lese man *Der Fänger im Roggen*, hätte ihn C. S. Lewis geschrieben.«[8]

Dabei stellt *The Land of Laughs* die Genesis zu Carrolls gesamtem späteren Werk dar. Der Charme und Humor, die beschwingend-spannende Vorgeschichte, die den Leser völlig im Unklaren läßt, was ihn erwartet, und schließlich das Umschlagen in ein sinistres Melodram, begleitet von stark märchenhaften Komponenten, sind inzwischen Carrolls Erkennungszeichen geworden. Die witzige und menschliche Geschichte des Thomas Abbey, der seinem toten Idol, dem Kinderbuchautor Marshall France nachjagt, um dessen Biographie zu schreiben und damit einige der unheimlichsten Prozesse in der modernen Literatur in Gange setzt, muß bereits einen Nerv getroffen haben, denn unter Kennern erlangte sie rasch Kultstatus.

Das Buch resultiert in sehr weiten Teilen auf Erfahrungen und Vorlieben seines Schöpfers. So inspirierte ihn Saul Bellows Erzählung »Gonzagas Manuskripte« zur Basishandlung, die durch Carrolls persönliche Vorliebe für Bullterrier und Füllfederhalter autobiographisch angereichert wurde. Den Titel entlieh Carroll einem chinesischen Restaurant, und die amerikanische Kleinstadt Galen schließlich basiert auf der realen Stadt Times Beach, Missouri, in der Carroll für ein Jahr lebte. Die Tatsache, daß Times Beach heute eine Geisterstadt ist, zählt vermutlich zu Carrolls Lieblingsanekdoten.

The Land of Laughs beschäftigt sich mit der Wirkung, die ein Kunstwerk auf seinen Liebhaber ausübt und umgekehrt. Denn genau letzteres geschieht. Für Thomas Abbey ist Marshall France zu Lebzeiten Autor von Kinderbüchern »wie *Das Land des Lachens* und *Der Sternenteich*, die mir im Laufe meines dreißigjährigen Lebens immer wieder einmal geholfen hatten, nicht den Verstand zu verlieren«[9]. Abbey vertieft sich solange in die Biographie, bis sein Idol zu gespenstischem Leben erwacht. In einem Essay schrieb Carroll dazu: »Ein Teil meines Romans handelt vom Wunder und dem Bedrohlichen der Schöpfung. Es befaßt sich mit der Frage künstlerischer Errungenschaft: Ist der größte Schriftsteller auch ein großer Alchimist, dazu fähig, die Worte auf einer Seite in einen Mann mit blauem Hut zu verwandeln, der tatsächlich an Ihre Tür kommt? Jeder Leser, der nach einem Buch greift, bringt sich in Schwierigkeiten. Wenn es ein gutes Buch ist, betritt er eine Welt, die er nicht beherrschen kann, und die ihn mit Staunen, oft aber mit großer Traurigkeit zurücklassen wird. [...] Ich habe versucht zu zeigen, daß sich in der Literatur wie im Leben dieselben Dinge, die uns erfreuen, auch gegen uns wenden können und uns verletzen oder Furcht einjagen, und zwar endlos.«[10]

Die Thematik der Fleischwerdung von Wunschvorstellungen windet sich wie ein roter Faden durch Carrolls Gesamtwerk. So herrscht der Drang, die Realität durch Wunschdenken auszuschalten, in einigen Kurzgeschichten geradezu exemplarisch vor. In »Florian« (1983) ist es das Ehepaar, das den Tod des geliebten Sohnes zu verkraften hat. Der Vater ist Schriftsteller. Er erkennt, daß der Gram im Wahnsinn enden wird, also wendet er die Tragödie ab, indem er Wirklichkeit und Fiktion einfach austauscht. Auch das von einem Stottern belastete Mädchen Heidi projiziert in der Kurzgeschichte »The Panic Hand« (1989) ihre Wunschvorstellungen in die Realität hinein. Es scheint die Aufgabe des namenlosen Erzählers zu sein, Heidi während ihrer gemeinsamen Zugfahrt klarzumachen, daß sie ihr perfektes Wunschbild gar nicht nötig hat, denn auf ihn wirkt die verklemmte Stotterin Heidi höchst interessant.

Diese immer wiederkehrenden Grundtendenzen, die ständig aus anderen Perspektiven ausgereizt werden und eine beeindruckende Werkkontinuität entstehen lassen, reizen mich natürlich zu der Frage, inwieweit die Fiktionen Carrolls autobiographisch nutzbar sind.

»Niemand weiß irgend etwas über mich«[11], wehrt Carroll Interviewer schon mal ab. Zweifelsohne gefällt er sich ein wenig in der Rolle des geheimnisvollen Künstlers: »Zurückgezogen lebende Schriftsteller à la Salinger, Pynchon, B. Traven haben mich immer fasziniert. Die Vorstellung, daß man seine Arbeit so gut tut, wie man es eben kann, und dann sagt, »zum Teufel mit dem verdienten Fanfarenklang, der die Veröffentlichung begleitet«, kommt mir irgendwie... heldenhaft vor in diesen Tagen der Autorenlesetourneen, Zillionen von Dollar Einnahmen für Nebenrechte und so weiter«[12], bestätigt Carroll. Ihm nimmt man das auch ab, denn er treibt das Spiel nicht bis zum Exzess. Er gibt Interviews, redet über seine Einflüsse und Motivationen, will jedoch sein Privatleben aus dem Geschäft heraushalten, so gut es geht. Er hat einen tapferen Kampf mit seinen britischen Verlegern ausgefochten, um zu verhindern, daß eine ausführliche Biographie die Klappentexte seiner Bücher füllt. So ist außer dem erstaunlichen Satz »Jonathan Carroll lebt in Wien« dort nicht das Geringste über ihn zu finden, so daß sein Werk tatsächlich allein für sich sprechen muß. Die wichtigsten Daten ließen sich trotzdem in Erfahrung bringen.

Jonathan Carrolls Biographie ist geprägt von zahlreichen Umzügen durch die USA und dem Umgang mit berühmten Persönlichkeiten. Er wurde am 26.

Januar 1949 als Sohn des Drehbuchautors Sidney Carroll und der Musical-Komödiantin June Carroll (zum Beispiel *New Faces of 1952*) in New York City in eine jüdische Familie hineingeboren. Die religiöse Zugehörigkeit der Familie Carroll ist dabei ziemlich durchmischt: Jonathan Carroll, seine Mutter und seine Schwester wuchsen als Christian Scientists auf, sein Halbbruder, der bekannte Jazzkomponist Steve Reich, ist orthodoxer Jude, und sein anderer Bruder ist gläubiger Sufi. Carroll erinnert sich daran, daß er in seiner Kindheit im selben Haus wohnte wie Lauren Bacall, und auch an Ray Bradburys Wohnung, die er einmal mit seinem Vater aufsuchte, hängen Reminiszenzen.[13] Den Großteil seines jungen Lebens verbrachte Jonathan Carroll mit seinen Eltern in Dobbs Ferry, einer kleinen Stadt, etwa eine Stunde vom Hudson River Valley Manhattans entfernt. Dort entwickelte er sich immer mehr zum Jugendkriminellen, »weil jeder andere in meiner Familie solch ein Glühwurm war«[14], bis ihn seine Eltern 1964 auf ein strenges Internat, die Loomis School in Windsor, Connecticut, schickten, wo er langsam ein Interesse für Literatur entwickelte. Später studierte er an unterschiedlichen Stätten in den USA und errang nacheinander einen B.A. und einen M.A. in englischer Sprache. 1971 heiratete er die Malerin Beverly Schreiner.

Seine anschließende Suche nach einer Lehrertätigkeit rang ihm die Entscheidung ab, sich entweder im Nahen Osten oder in Wien häuslich niederzulassen. Natürlich fiel die Wahl auf Wien, wo er jetzt bereits seit Mitte der siebziger Jahren ansässig ist, eine Entscheidung, die Carroll bisher nicht bereut hat: »Wenn ich hier mit der Straßenbahn fahre, muß ich nicht zuhören, sondern kann mich einfach meinen eigenen Gedanken widmen, da ich die Sprache ja sowieso nicht perfekt beherrsche. Das Leben hier erleichtert vieles für mich.«[15] Von einem Zwangsdomizil kann also kaum die Rede sein. »Wien ist die letzte Stadt der Dreißiger in Europa. Was ich an ihr liebe, ist, daß sie vornehm ist, ... das ist das richtige Wort: vornehm. Sie rühren sich Sahne in den Kaffee, und du kannst einfach spazierengehen. Wien ist ein Ort, wo ich mich nicht darüber zu beunruhigen brauche, daß meine Frau nachts mit dem Hund ausgeht und mein Sohn allein zur Schule geht. Ich denke, das ist die Art, wie wir leben sollten, und ich glaube nicht, daß Amerika auch nur irgend etwas davon hat.«[16]

Die Sichtweise, die Carroll von Wien hat, läßt sich anhand seiner Romane sehr gut nachvollziehen. Bereits sein zweiter veröffentlichter Roman *Voice of our Shadow* (1983) rückte Wien entsprechend in den Vordergrund. Wenn *The Land of Laughs* die durchaus köstliche Chronik einer in sympathischer Weise etwas lächerlichen Person mit Profilproblemen war, so ist *Voice of our Shadow* die grüblerische Aufbereitung eines düsteren Kindheitstraumas. Ein britischer Kritiker bezeichnete *Voice of our Shadow* als die »möglicherweise paranoideste Lektüre der letzten zwanzig Jahre«[17]. Daß Carroll etwas von geistig verwirrten Menschen versteht, läßt sich auch in seiner Kurzgeschichte »Tired Angel« (1989) nachlesen. Darin reicht es dem Voyeur nicht, sein Objekt, eine junge Frau, die nackt fernzusehen pflegt, nur zu beobachten. Er erliegt dem Zwang, eine tiefere und verhängnisvollere Beziehung aufzubauen.

Joe Lennox aus *Voice of our Shadow* fehlen solche abartigen Züge völlig. Er ist ein schüchterner, sympathischer junger Mann, dessen schlimme Kindheit ihm unausweichliche Komplexe aufgebürdet hat. Dieser einsame Mensch macht in Wien die Bekanntschaft eines lebensfrohen Ehepaars, dessen Präsenz einen unschätzbar positiven Einfluß auf ihn ausübt. Doch wie erschütternd ist es mitanzusehen, wie Lennox, gelenkt durch seine Schuldkomplexe, diese wunderbare Beziehung unweigerlich zugrunde richtet und selbst als phantasierendes Wrack endet, welches aus Angst und Unsicherheit alles falsch gemacht hat.

Carrolls eher bewegungslose Situation als Schriftsteller erfuhr 1987 durch die Publikation des Romans *Bones of the Moon* die längst fällige Wende. Dieses Buch, nun zuerst in Großbritannien verlegt, konnte endlich ein größeres Publikum ansprechen, das sich insbesondere in Deutschland und Frankreich rasch ausweitete. Der sich langsam entwickelnde Erfolg kam nicht zuletzt dadurch zustande, daß Carroll jetzt besonders von der Fantasy- und Horror-Fachpresse wahrgenommen wurde, einer Entwicklung, der Carroll nicht gerade begeistert gegenübersteht, da er seine Werke zurecht als etwas völlig Eigenständiges ansieht, das sich nicht durch Genreschubladen erfassen läßt. Tatsächlich bot ihm kürzlich ein Buchredakteur eine große Summe Geld für einen geradlinigen 500-Seiten-Horrorroman, was Carroll natürlich ablehnte: »Wenn ein Typ über Kokosnüsse schreibt und jemand ihm eine Menge Geld bietet, um über Bananen zu schreiben, wird er wahrscheinlich seinen Job ganz anständig erledigen, aber er wird das Buch nicht so gut schreiben wie der Typ, der Bananenbücher schreibt.«[18] So sieht sich Carroll denn auch lieber in Verwandtschaft mit den lateinamerikanischen Autoren des magischen Realismus wie Julio Cortázar und Gabriel García Márquez.

Bones of the Moon entfachte überraschenderweise eine unverhältnismäßig erregte Kontroverse. Carroll mußte sich für seine in der Ich-Form aus der Sicht einer Frau erzählten Geschichte in Briefen beschimpfen lassen und sogar den Faustschlag eines erbosten Lesers einstecken. Dabei ist *Bones of the Moon* die außergewöhnlich einfühlsame Studie der seelischen Konsequenzen einer Abtreibung. Die Geschichte läßt jedoch derart abweichende Deutungen zu, daß Carroll hier unmöglich ein Pro- oder Contra-Standpunkt zur Abtreibung zur Last gelegt werden kann. *Bones of the Moon* ist der emotionale Erlebnisbericht der attraktiven, aber zutiefst verletzten jungen Frau Cullen James, deren Träume die fortlaufende, stark von kindlichen Symbolismen durchdrungene Geschichte von Pepsi, ihrem abgetriebenen Sohn erzählen, was sie sich in immer aberwitzigere Theorien hineinsteigern läßt.

Eine Geschichte aus der Sicht einer Frau zu erzählen, bereitet Carroll, wie er sagt, keinerlei Probleme. Besonders in den neueren seiner Kurzgeschichten hat er diese Tradition beeindruckend weitergeführt. »The Sadness of Detail« (1989) und »The Dead Love You« (1989) lassen überzeugende Frauenfiguren in der ersten Person zu Worte kommen.

In seinem 1988 veröffentlichten Roman *Sleeping in Flame* konnte Carroll der Versuchung nicht widerstehen, den Filmregisseur Weber Gregston, eine Nebenfigur aus *Bones of the Moon*, zu reaktivieren. Diese Vorgehensweise weitete Carroll in den nachfolgenden Geschichten noch aus. Carroll plante ein Roman-Quintett völlig in sich abgeschlossener Geschichten mit übergreifenden Charakteren. Diese Technik entwickelte jedoch eine derartige Eigendynamik, daß er den Rahmen von fünf Büchern längst aufgegeben hat. Es folgten *A Child Across the Sky*, *Outside the Dog Museum* und *After Silence*, sowie die Novellen *Black Cocktail* und »Uh-Oh City«.

Nach dem Vorbild der »Deptford«-Trilogie des Kanadiers Robertson Davies entsteht so eine imaginäre Landschaft, deren Charaktere immer schärfere Konturen erlangen, da wir ihnen jetzt aus den unabhängigen Blickwinkeln verschiedener Erzähler beggenen dürfen. Dies zeigt, wie wichtig Carroll seine Figuren in der Tat sind, wie grenzenlos sich sein Interesse an Menschen darstellt: »Wenn man ein Buch liest und es liebt, bedauert man es, wenn es endet. Zum Teil liegt der Grund des Bedauerns darin, daß man einen Freund verliert. Ich meine das aufrichtig: Ich wünsche mir herauszufinden, was mit ihnen geschieht. Sie sind meine Freunde, ich möchte sie im Auge behalten.«[19] Trotzdem halte ich diese Serie in ihrem Grundaspekt für nicht immer gelungen. Insbesondere in den Romanen *Sleeping in Flame* und *A Child Across the Sky* entspringen die Charakterisierungen allesamt dem Bild des Carrollschen Archetyps. Sie unterscheiden sich nicht etwa durch Exzentritäten oder dumme Angewohnheiten voneinander. So ist es höchst enttäuschend, die herrlich geschilderte Figur des Weber Gregston - in *Bones of the Moon* pendelt er noch zwischen dem arroganten Macho und dem trotteligen Verliebten - in *A Child Across the Sky* in der Carroll-Schablone gefangen zu sehen. Und auch Harry Radcliffe, der schlagfertige und zuweilen recht aggressive Architekt aus *Outside the Dog Museum*, gestaltet sich in seinen sonstigen Gastauftritten als humorloser und rundum gewöhnlicher Typus.

Sleeping in Flame ist mehr noch als *Voice of our Shadow* Carrolls verzückte

Verbeugung vor Wien. Schon bald ist man diese Stadt zu riechen, zu schmekken und zu fühlen in der Lage. Diese literarische Erweckung einer mystischrealen Stadt zeigt Jonathan Carroll ohne Zweifel auf der Höhe eines Mark Helprin, der mit *Wintermärchen* die Vorhut bildete.

Die magisch aufgeladene Atmosphäre in *Sleeping in Flame* wird erneut durch die Augen eines Amerikaners, Walker Easterling, transferiert, der sich immer tiefer in die Märchenwelt von »Rumpelstilzchen« verstrickt sieht.

»Es war eine seltsame Zeit, als ich an dem Buch arbeitete. Am Schwechater Flughafen wurden Menschen von Terroristen niedergemetzelt. In Tschernobyl wurde ein Reaktor undicht. Ich las gerade Grimms Märchen und begegnete andauernd einem alten Mann auf einem Fahrrad mit einem eisgrauen Bart. Dann stellte ich mir folgende Frage: Was passiert, wenn jemand seinen perfekten Liebhaber gefunden hat, die Welt jedoch all dies Glück nicht vertragen kann?«[20]

A Child Across the Sky (1989) ist Carrolls Abrechnung mit der Horrorfilmindustrie. Carroll lotet hier erneut die erstaunliche Kraftreserve eines Kunstwerkes aus. Obwohl Weber Gregston immer versucht hat, seine Arbeit als Regisseur mit ehrlicher Haut zu leisten, muß er am Ende erkennen, daß ihn die Sucht nach sensationellen Bildern längst verschlungen hat. *A Child Across the Sky* leitete gleichzeitig eine Reihe von Geschichten ein, die sich verstärkt mit religiösen Gedanken befassen. In *A Child Across the Sky* ist es der Engel Pinsleepe, der die eigentlichen Geschicke lenkt, und auch in *Black Cocktail* sind die Wege der Menschen durch metaphysische Regeln geleitet. In *Outside the Dog Museum* ist es Gott, der Harry Radcliffes Hundemuseum (oder den Turm zu Babel) aus der Asche erhebt, und in »Uh-Oh City« (diese Novelle wird auch als *graphic novel* in Zusammenarbeit mit Dave McKean erscheinen) hält eine göttliche Abgesandte dem Collegeprofessor Scott Silver seine Sünden vor, um ihn für die Aufnahme in ihre überirdische Gemeinschaft zu prüfen. Jonathan Carrolls immerwährendes Interesse an Gott fand auch seinen Einzug ins Kurzgeschichtenwerk. »The Sadness of Detail« zeigt das Bild eines senilen Gottes, dessen Erinnerung an Sein eigenes Werk langsam zu verblassen droht. Ausgerechnet eine seiner Schöpfungen, eine Menschenfrau, muß sein Andenken wahren.

Auch in seinen weiteren Kurzgeschichten ist Carroll nicht nur auf festgelegte Konzepte fixiert. Ein Dutzend davon wurde 1989 (bisher ausschließlich im deutschen Sprachraum) in dem Band *Die panische Hand* gesammelt herausgegeben. Sicherlich sind Episoden wie »The Jane Fonda Room« (1982) oder »A Bear in the Mouth« (1989) reine Pointenerzählungen; im Gegensatz dazu wachsen jedoch, um einige Beispiele zu nennen, »Florian« und »Friend's Best Man« (1986), letztere mit dem angesehenen World Fantasy Award ausgezeichnet, zu kleinen, schmerzhaften Kunstwerken heran. Insbesondere

»The Fall Collection« (1982) ist eines dieser zutiefst anrührenden Meisterwerke, die nicht oft zu finden sind. Ein unheilbar krebskranker Mann zieht Bilanz und stellt fest, daß ihm die frustrierende Gleichförmigkeit seiner Vergangenheit den Tod nicht allzu schwer machen wird, doch die schmerzende Ironie der Geschichte besteht darin, daß der Mann in Anbetracht des nahenden Todes immer mehr erkennt, daß er in Wirklichkeit gar nicht der Langweiler ist, für den er sich immer gehalten hat. Je näher der Tod tritt, desto intensiver blüht der Gezeichnete auf, und so ist er bald sogar dazu fähig, einer »*wirklich* aufregenden und vor Leben sprühenden Frau«[21] etwas zu bieten. »Sie liebte ihn, sagte sie. Sie hatte nie jemanden gekannt, der so nett und doch so interessant war. Staunend sah er ihr zu, wie sie weinte und konnte sein Glück kaum fassen.«[22]

Jonathan Carrolls bislang letztes Lebenszeichen auf der literarischen Bühne war sein Roman *After Silence*, in dem er sich erstmals (von einigen vagen Momenten einmal abgesehen) auf einen puren Realismus verließ, wodurch ihm sein seit Jahren kraftvollstes Buch gelang. Das Schweigen, das dieses Buch zurückläßt, vermag Herzen zu brechen. Ich halte *After Silence* für sein bislang gewichtigstes Werk. Carroll intensivierte dieses Buch noch, indem er die amerikanische (beim Verlag Doubleday erschienene) Version um etwa fünfzehn Seiten kürzte. Diese Fassung von *After Silence* sieht er selbst nun als die definitive an.

Jonathan Carroll arbeitet jetzt an *From the Teeth of Angels*, dem Roman, der die seit *Bones of the Moon* begonnene Serie beenden wird.

Insbesondere einen so kreativen Schriftsteller wie Jonathan Carroll sieht man geradezu zwangsläufig von der Filmindustrie geschändet. Es ist nur eine Frage der Zeit, bis die Mächtigen aus Hollywood anklingeln. Erste Kontakte stehen bereits. Glücklicherweise liegt jedoch Carrolls einzige nachweisbare Verbindung zum kommerziellen Filmgeschäft in seinem Drehbuch zu Peter Patzaks *Der Joker*, einem »sehr schlechten B-Polizistenfilm«[23], so Carroll, den er innerhalb von zwölf Tagen heruntergerasselt hat. Da sind letztlich seine Ambitionen als Schriftsteller anspruchsvoller Romane und Kurzgeschichten bei weitem befriedigender: »Mein Traum ist es, schön, eindrucksvoll und phantasievoll zu schreiben«[24]. Ein Traum ist das schon lange nicht mehr.

Nicht in deutscher Sprache vorliegende Zitate wurden vom Autor übersetzt.

Anmerkungen

1 Pete Crowther, »Moonchild«/»Sky's Not the Limit« (2 Teile), erschienen in *Fear*, March 1989 und April 1989.
2 Wolfgang Ritschl und Walter Gröbchen, »Der laute Träumer«, erschienen im vorliegenden Band.
3 George Vassallo, »Jonathan Carroll«, erschienen in: *Mystery Scene*, April 1991.
4 Franz Rottensteiner, »Ein Interview mit Jonathan Carroll«, erschienen in *Quarber Merkur* 68, Dezember 1987.
5 René Erdbürger, »Ein Amerikaner in Wien: Jonathan Carroll«, erschienen in *Tips Westfalen*, Oktober 1990.
6 Franz Rottensteiner, »Ein Interview mit Jonathan Carroll«, a.a.O.
7 D.H. Olson, »Ein Gespräch mit Jonathan Carroll«, erschienen im vorliegenden Band.
8 Franz Rottensteiner, »Ein Interview mit Jonathan Carroll«, a.a.O.
9 Jonathan Carroll, *Das Land des Lachens* (Frankfurt am Main: Insel, 1989), S. 10.
10 Franz Rottensteiner, »Ein Interview mit Jonathan Carroll«, a.a.O.
11 Anonym, »Jonathan Carroll: Bitten by Talking Dogs«, erschienen in *Locus*, March 1989.
12 Franz Rottensteiner, »Ein Interview mit Jonathan Carroll«, a.a.O.
13 Sidney Carroll steuerte seinerzeit Ray Bradburys Anthologie *Timeless Stories for Today and Tomorrow* (New York: Bantam, 1952) die beiden Kurzgeschichten »None Before Me« und »A Note for the Milkman« bei.
14 Michelle Field, »Jonathan Carroll«, erschienen in *Publishers Weekly*, January 27, 1992.
15 Susanne Eiff, »Jonathan Carroll: Amerikaner, Lehrer, Schriftsteller - Ein ganz alltäglicher Phantast«, erschienen in *Rheinischer Merkur / Christ und Welt*, 10. Juli 1987.
16 Pete Crowther, »Moonchild«/»Sky's Not the Limit«, a.a.O.
17 Ebd.
18 Dave Hughes, »Oh! Carroll«, erschienen in *Interzone*, November 1991.
19 Pete Crowther, »Moonchild«/»Sky's Not the Limit«, a.a.O.
20 Anonym, »Jonathan Carroll: Unheimliche Schattenzonen«, erschienen in *Basta*, Juli/August 1990.
21 Jonathan Carroll, »Die Herbstkollektion«, erschienen in: Jonathan Carroll, *Die panische Hand* (Frankfurt am Main: Suhrkamp, 1989), S. 67.
22 Ebd., S. 68.
23 Pete Crowther, »Moonchild«/»Sky's Not the Limit«, a.a.O.
24 Franz Rottensteiner, »Ein Interview mit Jonathan Carroll«, a.a.O.

Der laute Träumer

Ein Interview

Wolfgang Ritschl und Walter Gröbchen

Das Interview fand 1989 an zwei Tagen in Jonathan Carrolls Wohnung, im Café Ritter und auf dem Wiener Zentralfriedhof statt.

Frage: Was hat dich ausgerechnet nach Wien verschlagen?

Jonathan Carroll: Als ich noch in Amerika lebte, bekam ich drei Jobs als Lehrer in Übersee angeboten. Einer war in Beirut, einer in Teheran und einer in Wien. Gott sei Dank entschied ich mich für Wien. Zuerst habe ich mich hier sehr unwohl gefühlt; die Österreicher sind wirklich nette Leute, die Wiener dagegen jedoch ausgesprochen unfreundlich und ungefällig, so daß es für mich sehr schwierig war, sowohl die Sprachprobleme als auch die Kälte dieser Menschen zu meistern. Tatsächlich sind dagegen die Amerikaner außerordentlich warmherzig. Als eine wirklich extrem private Person, die es nicht mag, von äußeren Einflüssen abgelenkt zu werden, finde ich es jedoch zunehmend angenehmer, hier zu leben. Anziehend genug ist der höhere Bekanntheitsgrad, den ich erreicht habe und die Zufriedenheit darüber, daß ich hier bin, weil andere meiner Freunde, die eine gewisse Berühmtheit erlangt haben, größte Schwierigkeiten damit haben, inmitten von Kulturen zu funktionieren, die sie nie in Ruhe lassen werden. Wenn man in Amerika lebt, haben die Amerikaner die sehr schlechte Angewohnheit zu glauben, man gehöre ihnen, wenn man berühmt ist. Wenn sie jemand auf dem Bildschirm sehen oder in einem Magazin einen Artikel lesen, und sie begegnen einem anschließend auf der Straße, dann glauben sie, man schulde ihnen etwas, wohingegen dies in Europa, wo ich besser bekannt und angesehener bin als in den Vereinigten Staaten, nicht der Fall ist. Ich liebe es, in diesem Kontext alleingelassen zu werden. Ich benutzte ein Zitat in *The Land of Laughs*, das in den deutschen Ausgaben nicht zu finden ist. Es stammt von Flaubert und besagt: »Sei in deinem Leben behutsam und ordentlich wie ein Bourgeois, damit du in deinem Schaffen grausam und originell sein kannst.« So gesehen führe ich ein sehr bürgerliches Leben. Ich betreibe weder Fallschirmspringen oder Paragleiten noch nehme ich Drogen. Ich bin zu sehr von meiner Arbeit besessen, um mich diesen Lebensgefahren auszusetzen. Ich hatte kürzlich einen sehr, sehr lauten Streit mit einem Amerikaner, der etwas sagte, das ich nie vergessen werde. Er sagte: »Wien ist heile Welt, und es ist behaglich, und es ist wunderschön, all diese großartigen Dinge, aber es ist nicht das wirkliche Leben. Wirkliches Leben ist New York oder Los Angeles, wo es all die Gefahren gibt, all die Phantasie, all die Furcht und Gier...« Ich wandte mich ihm zu und sagte: »Du bist ein Opfer des zwanzigsten Jahrhunderts geworden. Das ist nicht die Wirklichkeit. Dies hier ist sie. Dies ist wirkliches Leben wie es sein sollte. Mein Sohn kann zu Fuß zur Schule gehen, wenn er will. Meine Frau kann nachts nach draußen gehen, ohne überfallen zu werden. Vor einer Weile vergaß ich sogar einmal, mein Auto abzuschließen, und nichts wurde gestohlen [letzteres erwies sich allerdings als gefährliches Wien-Klischee. Gerade am Tage des zweiten Interview-Termins wurde sein Auto gestohlen. Anm. d. A.]. Ich glaube, das ist das Leben, wie es beispielhaft sein sollte. Ohne Furcht und Gier. Und meine Phantasie tut auch hier ihre Dienste sehr gut.«

Frage: Du sagst, du möchtest ein privater Mensch bleiben. Entgeht dir da nicht jeglicher intellektuelle Austausch?

Jonathan Carroll: Die Vorstellung, daß Schriftsteller zusammensitzen und über Bücher reden, ist nichts für mich. Ich tue so etwas nicht, und ich verspüre auch kein großes Verlangen danach. Ich habe eine Reihe von Freunden, die ich *manchmal* sehe, aber ich bin in diesem Sinne kein besonders geselliger Mensch. Wien erfüllt nicht umsonst seinen schlechten Ruf von in Cafés sitzenden Künstlern, die immer nur von Projekten sprechen, ohne tatsächlich an ihnen zu arbeiten. Zu oft kommt Kultur in Wien von den Toten oder von außerhalb.

Frage: Sprechen wir doch über die österreichische Literatur. Österreich hat die lange Tradition einer Literatur, die wenig mit deiner gemein hat...

Jonathan Carroll: Reden wir jetzt doch mal nicht nur über die österreichische, sondern über die deutschsprachige Tradition. Die drei größten Autoren des Phantastischen entstammen dieser Tradition: E.T.A. Hoffmann, die Gebrüder Grimm und Franz Kafka. Ich könnte aber auch noch andere Namen in die Diskussion werfen, etwa Günter Grass. Er ist einer der großen Fantasy-Autoren dieses Jahrhunderts, aber man tendiert dazu, in ihm einen politischen Autor zu sehen. Eine Freundin von mir liest gerade *Die Blechtrommel*, und sie meint, das Wundervolle an dem Buch sei die Tatsache, daß Oskar nicht von dieser Welt sei. Genau dort beginnt der Bereich des Phantastischen, wenn der Held oder der Ort der Handlung nicht von dieser, der realen Welt ist, egal ob es sich um ein Raumschiff handelt oder um das Insekt, als das sich Gregor Samsa eines Tages wiederfindet. Diese großen, großen Schriftsteller entstammen der deutschen Tradition, aber das war vor langer Zeit. Wir blicken zu ihnen mit einem Gefühl von *mon chapeau* zurück. Mit Respekt Hut ab vor ihnen, denn so jemand ist heute nicht mehr zu finden.

Frage: Deine eigenen Bücher machen es vielen Leuten schwer, sie zu kategorisieren.

Jonathan Carroll: Es passiert mir häufig, daß Leser meiner Bücher meinen, die erste Hälfte wäre wundervoll gewesen, eine einzige Romanze, doch sobald all das verrückte Zeug einsetzte, seien sie ausgestiegen. Sie hatten einen realistischen Roman erwartet und nicht, daß plötzlich Hunde zu sprechen beginnen. Diese enttäuschte Erwartungshaltung löst Ablehnung aus. In ihren Köpfen gehen sie über in ein »Nein, das ist unmöglich. In einem realistischen Roman sprechen Hunde nicht. Folglich ist das Fantasy. Ich mag keine Fantasy, also leg' ich es beiseite.« Wenn man ein Buch liest, dann steigt man in die Welt seiner Lektüre hinein. Man kann dabei nicht erwarten, daß diese Welt nach den bekannten Regeln funktioniert. Das Buch besitzt eine andere Wirklichkeit, egal ob es sich dabei um die Wirklichkeit von Tolkiens Hobbits oder Tolstois Anna Karenina handelt. Die einem bekannten Regeln besitzen dort keine Gültigkeit. Wenn also jemand eines meiner Bücher liest, und Kinder fliegen darin aus dem Fenster, und er meint, so etwas sei unmöglich, dann sage ich: »Halt, hier bestimme ich die Regeln.« Vielleicht gelingt es mir nicht besonders gut und plausibel, diese Kinder fliegen zu lassen, dann kann man mich dafür kritisieren, allerdings nicht für die Tatsache, *daß* sie fliegen. Man hat mich auch des öfteren einen Modeautor und einen Yuppieschreiber geschimpft, ein Umstand, der mich eher lachen als zornig werden läßt. Ich verfasse keine historischen Romane. Ich bewege mich in einem Umfeld amerikanischer Popkultur, und ich schreibe über die mir bekannte Welt.

Frage: Welche Bücher ängstigen dich am meisten?

Jonathan Carroll: Diejenigen, deren Protagonist die gleichen Fragen stellt wie ich und nie eine Antwort erhält. Ein sehr einfaches Beispiel dafür ist seltsamerweise ein Buch, das ich nicht besonders mag, das ich aber jetzt am schnellsten parat habe: *Das Schloß*. Wenn wir es als Metapher hernehmen für die Suche nach Gott - ich habe über Gott mein ganzes Leben nachgedacht - dann löst es Angst, große Angst, in mir aus; das Wissen um das Ziel und das gleichzeitige Wissen, nie dorthin gelangen zu können. Ein Pol: Kafkas existentielle Ausweglosigkeit; der andere: die zielgerichtete Dramaturgie eines Stephen King. Ich glaube, daß jeder, der derart populär ist wie King, irgendetwas richtig machen muß. Ich habe nicht sämtliche Werke von King gelesen, aber was wohl vor allem zu seinem Erfolg beiträgt, ist, daß King das Grauen aus dem Alltäglichen schöpft; seine Instrumentarien sind ein Kühlschrank und ein Käsesandwich. Das ist weit entfernt von dem, was die Horrorindustrie so fabriziert: mit viel künstlichem Blut angereicherte, letzten Endes völlig banale Geschichten. Ich bin nicht empfänglich für Horrorgeschichten und Horrorfilme, weil ich nicht an Monster glaube. Das größte mir bekannte Schreckgespenst heißt Tod.

Es ist keine halbe Stunde her, daß ich an einer Szene geschrieben habe, in der ein Hund umkommt. Egal, ob man jetzt Tiere mag oder nicht, das ist der Punkt, *the big deal*, wie Richard Pryor sagen würde. Versetze dich in die Lage eines Menschen, der seinen überfahrenen, toten Hund von der Straße aufhebt. Ganz plötzlich ist aus diesem Tier, das ihm vor zwanzig Minuten noch so viel bedeutet hat, so ein *Ding* geworden. Da kommen ihm dann Gedanken wie: »Was mache ich mit dem Körper eines toten Hundes? Verbrennen? Begraben? Was schulde ich ihm überhaupt?« Und wenn der Held des Buches keine Antwort finden kann, so wie ich sie nicht finden kann, dann überkommt mich Furcht.

Frage: Die für *mich* erschreckendste Vision ist die niemals endenden Leids...

Jonathan Carroll: Alles was ich weiß, ist, daß ich dreimal in meinem Leben mit dem Tod konfrontiert war. Einmal hielt mir ein Kerl einen Revolver an den Schädel, und er war absolut in der Verfassung abzudrücken. Und ich sage dir, da ist nichts, nichts in der Welt, das mehr Angst auszulösen vermag als das Gefühl, daß du jetzt, auf der Stelle, sterben wirst. Der russische Schriftsteller Gurdjieff ist der Ansicht, wir befänden uns in einem Schlafzustand, nur in bestimmten, seltenen Momenten wachten wir auf. Bei mir gab es da Momente höchsten Glücks und eine Art Erleuchtung: So sieht also die Wirklichkeit aus. In den weniger glücklichen Momenten spürst du den Revolver an deinem Kopf, hörst das Klicken des Hahns und denkst dir »das soll es gewesen sein?«

Niemals endendes Leid? Mein Vater ist voriges Jahr gestorben, nach zwei Jahren qualvoller Schmerzen. Das ist furchterregend. *Das* ist Horror. Der einzige wirkliche Horror ist die Qual oder der Tod geliebter Menschen. In *Voice of our Shadow* schrieb ich: »Zu erfahren, daß jemand gestorben ist, den ich gut kannte, ist für mich so ähnlich, wie eine vertraute Treppe hinabzusteigen. Weil man sie schon tausendmal hinuntergegangen ist, weiß man genau, wieviele Stufen es bis unten sind, aber dann will man den Fuß auf die letzte setzen... und sie ist nicht da.« Bumm. Man stolpert darüber für den Rest seines Lebens. Das ist Horror. Die Treppe ohne Stufen. Und wie Calvino sagte, man erreicht einen Punkt im Leben, wo mehr seiner Freunde tot sind als leben. Als wären da zehn Stufen, wenn man jung ist; wenn man älter wird, muß man die zunehmend größer werdenden Stufen benutzen, um die Treppe hinaufzusteigen, denn all die, die dazwischen lagen, sind inzwischen entfernt worden. Das ist Horror.

Frage: Welches waren denn die anderen beiden Situationen, in denen du dem Tod nah warst?

Jonathan Carroll: Ich kann euch über eine Situation erzählen, über die andere möchte ich lieber nicht sprechen. Die eine Situation war ein schrecklicher Autounfall. Der Wagen explodierte. Es war unglaublich. Glücklicherweise starb niemand, aber es fehlte nicht viel. Es war so eine Art Clint-Eastwood-Szene, in der 3000 Grad heiße Metallteile durch die Luft flogen. Es war wirklich schlimm.

Frage: Wie eng fühlst du dich deinen Buchcharakteren verbunden?

Jonathan Carroll: Sehr eng. Sehr oft, wenn ich schreibe, lasse ich eigene Erfahrungen, ein wenig gefiltert, einfließen. So schildert zum Beispiel der Erzähler in *A Child Across the Sky*, wie er als Kind eine Leiche fand. Auch ich habe als Bub einen Toten entdeckt. Ich rekonstruierte lediglich, was passiert war und verzerrte es ein klein wenig. Das gleiche kann tagtäglich geschehen. Im Alltag spiele ich oft das umgekehrte Spiel: wie hätte sich die-und-die Figur in diesem Fall verhalten? Oft reagieren meine Romanfiguren genauso wie ich, manchmal mit mehr, manchmal mit weniger Mut oder Humor.

Frage: In *Voice of our Shadow* ist da dieser faszinierende, bösartige Junge...

Jonathan Carroll: Als ich ein Junge war, war ich - ich weiß nicht, wie man das hier nennt - ein jugendlicher Krimineller. Ich hatte ständig Ärger mit der Polizei. Und ich hatte damals einen Freund, den magischsten, faszinierendsten bösen Jungen, den ich je kannte. Er wurde schließlich in meiner Heimatstadt in einem Gefecht mit der Polizei erschossen. An einem gewissen Punkt in meiner Karriere hatte ich einfach über diesen Kerl zu schreiben, weil er so faszinierend war. Er war sehr böse und einfach wunderbar, und diese Kombination ist derart gefährlich! Ich begegnete ihm, als ich sehr jung war; ich war etwa zwölf. Dieser Bursche war unglaublich. Er war faszinierend und ein Mörder.

Frage: Hieltest du dich im Vergleich zu ihm für normal?

Jonathan Carroll: Ich war die Motte in der Flamme. Ich war bösartig, aber er war bösartig und verrückt. Das hört sich wahnsinnig an, aber in dieser Zeit meines jungen Lebens, speziell in seiner Nähe, war da des öfteren etwas in mir, das urplötzlich sagte: »Gehen wir doch auf die Hauptstraße und erschießen ein paar Leute.« Da war ein kleines, winziges Aufblitzen eines *wow...*, aber dann ging es vorüber und ich dachte »Du bist verrückt. Das können wir nicht tun.« Mein Freund jedoch sagte nicht nur: »Laß uns rausgehen und ein paar Leute erschießen.« Er sagte: »Laß uns rausgehen und ausschließlich schöne Mädchen erschießen und danach ihren Gesichtsausdruck betrachten, um zu sehen, was ihre Gesichter zeigen.« Ich war nah dran zu sagen: »Wow, das ist wirklich was«, aber glücklicherweise klinkte sich mein gesunder Menschenverstand ein. Aber er hatte es in einer Art und Weise präsentiert, die einfach faszinierend war. Das war sein Genie. Und ich wurde davon angezogen und fasziniert. Er ist tot. Erschossen von der Polizei. So ist er also nicht weit gekommen mit seinem Genie.

Frage: In deinen Romanen kehren die Toten manchmal zurück...

Jonathan Carroll: Ja. *Sleeping in Flame* zum Beispiel beruht auf einer wahren Begebenheit. Ein Bekannter hat auf einem Grabstein in Rußland ein Bild entdeckt, das mir wirklich ganz genau gleicht. Da ist mir schon ein kalter Schauer den Rücken runtergelaufen. Ich denke, ob man jetzt an Geister glaubt oder nicht, es ist keine Frage, daß die Toten weiterleben, zumindest in der Erinnerung. Kinder bewahren immer das Andenken ihrer Eltern. In meinen Büchern gehe ich eben einen Schritt weiter und lasse die Toten tatsächlich zurückkehren. Ich habe keine Geister gesehen, und ich habe keine Vorstellung davon, was uns nach dem Tod erwartet, aber ich denke, der Versuch, zu verstehen, was der Tod ist, ist wahrscheinlich vergleichbar damit, eine Zelle in unserem Finger heranzuziehen, um zu versuchen zu verstehen, was unser gesamter Körper ist.

Ein Freund, der sich viel mit diesen Dingen beschäftigt, hat mir eine Antwort gegeben, die mich sehr berührt hat. Ich fragte ihn: »Gibt es Menschen, die auf dem Wasser gehen können? Oder solche, die fliegen?« Und er meinte, natürlich gebe es die. Und ich wieder: »Warum zeigen sie es uns dann nicht?« Er meinte, warum solle sich jemand mit einem derartigen Wissen und Können einen Scheißdreck um uns scheren. Es sei vergleichbar mit einem, der von einem Flugzeug aus auf die Welt herabblicke. Und dieser Gedankengang macht all diese Unternehmungen ein wenig lächerlich, den Versuch etwa, mit den Toten zu sprechen. Was sollte daraus Konstruktives herauskommen? Was anderes, als Angst?

Frage: Kannst du uns die Reaktion deiner Eltern auf deine Romane beschreiben?

Jonathan Carroll: Als mein Vater *Voice of our Shadow* las, wurde er derart ärgerlich, daß er das Buch durch den Raum warf, weil er dachte, ich hätte darüber geschrieben, wie sehr ich meinen Bruder verabscheute, was sehr schockierend für mich war, weil mein Bruder und ich immer eine wunderbare Beziehung zueinander hatten - und immer noch haben. Aber er war wütend. Er dachte, ich hätte meinen Bruder immer gehaßt und hätte nun Spaß daran, diesen Haß zu Papier zu bringen. Er war mindestens ein Jahr lang sehr empfindlich in dieser Angelegenheit. Mein Bruder und ich sagten »das ist doch nicht die Wirklichkeit«, aber mein Vater war sehr unglücklich damit. Aber ansonsten mochte er meine Bücher sehr, teilweise wohl deshalb, weil er selbst Schriftsteller war. Ich denke, meine Mutter ist ein richtiger Bücherwurm, aber meine Romane sind ihr ein bißchen zu verrückt, zu wild. Aber sie liebt die Charaktere darin. Die Geschichten selbst sind eine Art Kuckuksei für sie.

Frage: Hast du eigentlich einen Eindruck, wie die Leser über deine Bücher denken?

Jonathan Carroll: Die Post, die ich erhalte, und es ist viel Post, ist oft genug von sehr bizarrem Inhalt. Ich hebe mir diese Briefe auf. Ein gutes Drittel davon ist total verrückt. Ich bekam einen Brief, nachdem *Bones of the Moon* erschienen war, der etwa so begann: »Du dreckiger *motherfucker*, Hurensohn, männliches Chauvinistenschwein...« Und dann wurde es schlimmer. Sie beschuldigte mich, gegen Abtreibung und überhaupt ein schreckliches Monster zu sein. Es war erschreckend. Das hatte wirklich Irrenhausniveau.

Das letzte Mal, als ich in Wien eine Lesung gab, wurde ich persönlich attackiert. Ich habe seitdem nie wieder öffentlich gelesen. Ein Kerl, so groß wie ich, schrie irgendwas von wegen Abtreibung. Ich las gerade das entsprechende Kapitel aus *Bones of the Moon*, und dann ging er auf mich los. Das ist die dunkle Seite des Ganzen.

Nach den Originalaufnahmen des Interviews erweitert, bearbeitet, transkribiert und teilweise übersetzt von Frank Duwald.

Franz Rottensteiner

Zwischen Lederjoppen und Blechmusik

Jonathan Carrolls Wien

Jonathan Carroll liebt Wien. Aber er liebt nicht die Wiener.

In den Worten von Ingeborg Sperl, die den »lauten Träumer« für die *Wienerin* interviewt hat: »Um zu wissen, was Carroll an Wien anzipft, muß man nicht Amerikaner sein. Um zu verstehen, was er daran mag, schon: jedesmal, wenn er seine Familie in Kalifornien besucht, bebt die Erde. Alle Geologen sagen, daß eines dieser Erdbeben einmal das Ende von Los Angeles sein wird, aber niemand schert sich darum. Außer Jonathan Carroll, der sich immer wieder die Seele aus dem Leib fürchtet.

Was ihm trotz der höheren Sicherheit vor Erdbeben, und davor, daß einem der Onkel erstochen, die Schwester vergewaltigt, der Hund erschlagen oder die Bibel geklaut werden könnte, an Wien auf den Wecker fällt, ist ebenso Klischee wie wahr. Die Wiener sind weder freundlich noch hilfsbereit. Sie wollen nichts Neues, sondern verhindern, und auch das nur, wenn's leicht geht. Sie reden mit Begeisterung über das, was sie nicht tun.«[1]

Jonathan Carroll lebt in Wien schon seit Mitte der siebziger Jahre, nach vier Umzügen jetzt in einer Wohnung unweit der Mariahilferstraße, also ziemlich zentral. Weil es in Wien »eine gewisse Lebensqualität«[2] gibt. Wien errang den Sieg über Teheran und Beirut, die auch zur Debatte standen, nachdem Carroll sein Universitätsstudium (Englisch und *creative writing*) abgeschlossen hatte. Mit seiner Frau, einer Malerin, unterrichtet er an der American International School in Wien er englische Literatur, sie Kunst. Die American International School ist eine von zwei englischsprachigen Gymnasien (doch gibt es auch Grundschulabteilungen) in Wien. Die andere englischsprachige Schule ist die Vienna International School, die vorwiegend für die Kinder der in Wien tätigen UNO-Angestellten und Diplomaten gedacht ist (diese müssen dort aufgenommen werden, andere nur nach Maßgabe der vorhandenen Plätze). Die hohen Schulgebühren der amerikanischen Schule (rund doppelt so hoch wie die der UN-Schule) und der amerikanische Lehrplan machen die Schule zu einer ziemlich exklusiven Angelegenheit. Die dort beschäftigten Lehrer genießen gewisse Steuerprivilegien, was das Unterrichten für Carroll nach wie vor attraktiv macht, selbst nachdem er schon zum Erfolgsschriftsteller geworden ist.

Die erwähnte »Lebensqualität« läßt sich wohl am besten in Negativa ausdrücken: »Sie erleichtert ihm das Leben und läßt ihn ruhig schlafen, auch wenn seine Frau nachts um eins mit dem Hund in den Park geht und sie gibt ihm eine intellektuelle Ruhe, die es ihm erlaubt, sich seinem zweiten Lebensweg zu widmen: der Schriftstellerei.«[3]

Ähnlich in einem Interview mit Pete Crowther in *Fear*: »Wien ist die letzte Stadt der Dreißiger in Europa. Was ich an ihr liebe, ist, daß sie vornehm ist... das ist das richtige Wort: vornehm. Sie rühren sich Sahne in den Kaffee, und du kannst einfach spazierengehen. Wien ist ein Ort, wo ich mich nicht darüber zu beunruhigen brauche, daß meine Frau nachts mit dem Hund ausgeht und mein Sohn allein zur Schule geht.«[4]

Das ist eigentlich eine sehr Wienerische Einstellung: in-Ruhe-gelassen-zu-werden, eine gewisse Distanz von allem zu haben. Das betrifft auch und vielleicht vor allem die Sprache, die sich Carroll wohl kaum sehr zu erlernen bemüht hat: »Wenn ich hier mit der Straßenbahn fahre, muß ich nicht zuhören, sondern kann mich einfach meinen eigenen Gedanken widmen, da ich die Sprache ja sowieso nicht perfekt beherrsche. Das Leben hier erleichtert vieles für mich.«[5]

So dürften sich auch seine Kontakte mit Wienern in engen Grenzen halten und zum Großteil auf professionelle Verbindungen beschränken - nicht anders, als es sich in seinen Erzählungen und Romanen spiegelt. Es sind also vorwiegend Regisseure und Journalisten: die Regisseure Gerald Kargl und Peter Patzak, für dessen Film *Der Joker* Carroll das Drehbuch geschrieben hat, die Fernsehjournalistin Gabrielle Flossmann, der Rundfunkjournalist Walter Gröbchen. Mit der Filmbranche ist Carroll sozusagen aufgewachsen, sein Vater Sidney Carroll war ein bekannter Hollywood-Drehbuchautor, der unter anderem das Buch für Paul Newmans *The Hustler* verfaßte, die Familie wohnte im selben Haus wie Lauren Bacall.

Carroll hat die Angewohnheit, Bekannte in seinen Geschichten unterzubringen. So findet man Gabrielle Flossmann, die öfter über Carroll berichtet hat, zum Mann geworden, als Kriminalbeamten Gebe Flossmann in *Bones of the Moon*[6]; Walter Gröbchen vom Pop-Programm Ö3 des österreichischen Rundfunks ist in *Outside the Dog Museum* als »Gröbchen Building« in Pasadena verewigt[7]. Einen Rottensteiner (ohne Vornamen) gibt es als Psychiater in *Bones of the Moon*[8]. Dort ist auch Carrolls englischer Editor Peter Lavery (vormals Century Hutchinson, dann Macdonald, wohin ihm Carroll gefolgt ist, jetzt Headline) als Psychiater zu finden[9]. Andere sind mir vielleicht entgangen, ich glaube, irgendwo auch Ellen Datlow begegnet zu sein, der Literaturredakteurin von *Omni* und bekannten Anthologie-Herausgeberin.

Was findet man nun bei Carroll an spezifischen Beobachtungen über Wien oder Österreich im allgemeinen? Schon eine flüchtige Lektüre Carrolls zeigt, daß es in seinen Geschichten wohl zahlreiche Bezugnahmen auf Wien gibt, daß sie aber kein tieferes Eindringen in die Mentalität der Bewohner, die Eigenheiten des Landes oder eigentümliche Beobachtung verraten meist handelt es sich um bloße namentliche Erwähnungen, *name-dropping*, verknüpft mit recht schlichten Werturteilen, aber nichts, das tiefer ginge. Von Carrolls Figuren kann man bündig sagen, daß die Hauptpersonen, selbst wenn die Romane zum Großteil oder nur zum Teil in Österreich spielen, immer Ausländer sind und Österreicher nur als Hilfskräfte vorkommen: Sie sind charakteristischerweise Polizisten, Kellner, Taxifahrer, Ladenbesitzer, auch

Politiker (wie ein Landeshauptmann in *Outside the Dog Museum*), aber keine Personen (es sei denn als Verstorbene oder übernatürliche Wesen), die für die Handlung im mindesten von Bedeutung sind. In *Sleeping in Flame* kommt zum Beispiel ein Moritz Benedikt vor, aber das ist eine rein zufällige Namensgleichheit mit dem bekannten (für Carrolls amerikanische Leser natürlich gänzlich unbekannten) Herausgeber der Wiener *Neuen Freien Presse*. Dieser Benedikt wird nur aus Erinnerungen und Dokumenten erschlossen, wobei kein innerer Grund für die Wahl gerade dieses Namens ersichtlich wird, es scheint nur eine Vorliebe für bekannt-obskure Namen zu sein.

Die bei Carroll am häufigsten erwähnte Wiener Lokalität sind Kaffeehäuser und Konditoreien, meist verbunden mit Lob für den Kaffee, die Wiener Kuchen (für deutsche Leser hierorts heißen sie Torten), Croissants oder andere Backwaren. Im Wiener Kaffeehaus kann man tagelang bei einer Schale Kaffee sitzen und Zeitungen oder in einem Buch lesen. Die erwähnten Kaffeehäuser existieren zum Großteil, vielleicht hat es sogar alle gegeben. Das Café Central, das Landtmann und das Hawelka, das Café Diglas und die mehrmals erwähnte AIDA, eine Kette von Konditoreien (zum Beispiel *Bones of the Moon*[10]), auch das Café Museum sind real existierende, zum Teil berühmte Lokale. Landtmann ist zum Beispiel ein alteingeführtes, auch bei Politikern beliebtes Kaffeehaus, Hawelka ein typisches Künstlerlokal, das Café Central war ein berühmtes Literatencafé schon in der k.u.k. Monarchie und wurde vor einigen Jahren wieder ins Leben gerufen. Andere, das Café Stein, das Café Bremen (»The Sadness of Detail«) oder das Café Zartl (*Sleeping in Flame*[11]), dürften Erfindungen sein, aber vielleicht gab es sie tatsächlich einmal. Im Café Bremen soll sich ein freundlicher Kellner namens Herr Ritter um die Gäste kümmern, die Heldin der Geschichte sucht es gerne auf, bis es ihr nach den Erlebnissen dort verleidet wird. Der Name des Kellners ist wohl von dem eines Kaffeehauses übernommen, das es in der Nähe von Carrolls jetzigem Wohnort wirklich gibt - aber daß dort ein Herr Ritter existiert, bezweifle ich.

Zuweilen wird Wien kurz erwähnt, wie in »The Panic Hand«, einer Erzählung, die im Schnellzug »Rosenkavalier« Wien-München spielt. Der Ich-Erzähler hat eine Freundin namens Celine Davenant in München, die er häufig per Eisenbahn besucht, weil ihr die Stadt Wien nicht im geringsten zusagt. Dort wird auch die österreichische Landschaft aus der Perspektive eines Zugfensters kurz beschrieben: als Märchenidylle wie in »Hänsel und Gretel«, kleine nette Häuschen, die draußen vorbeihuschen.

In »Florian« wird der Prater erwähnt, eine Vergnügungsstätte vor allem für Kinder, mit einem der Wiener Wahrzeichen, dem Riesenrad. Es erscheint in einer Geschichte-in-der-Geschichte als der geeignete Ort, von dem aus ein wunderbares Kind sich in die Lüfte erheben kann. Andere Erwähnungen sind

Scherze, flüchtige Wortspielereien. In »My Zoondel« gibt es eine sehr kompakte Hunderasse, Zündel genannt, die ein Graf »Martin von Niegel für die Jagd auf Werwölfe gezüchtet«[12] haben soll; diese Tiere zeigen die Anwesenheit von Werwölfen durch eine sehr auffällige Gelbverfärbung ihrer Augen an. Die Verbindung mit Hitlers »Werwölfen«, weniger eine Eliteeinheit als ein (mehr fiktives) letztes Aufgebot zum Widerstand in der »Alpenfestung«, ist bloß ein verbaler Scherz, denn abgesehen von der Bezeichnung gibt es keine Verbindung. Richtungsweisend wird ein Name auch in *Outside the Dog Museum*. Kronprinz Hassan, der Erbe des Sultans von Saru (ein fiktives Land), errichtet das Lieblingsprojekt seines Vaters, ein Hundemuseum, wegen des Widerstandes seiner heimatlichen Fundamentalisten (da Mohammed einmal von einem Hund gebissen wurde, sind Hunde bei den Mohammedanern nicht sehr beliebt) nicht in Saru, sondern auf dem Hundsstein bei Zell am See. Diese Werbung für Österreich ist verknüpft mit abfälligen Bemerkungen über die unerträgliche Blechmusik (gespielt von nahezu Uniformierten in Tirolerhüten und Lederjoppen) oder die mangelnde Arbeitsmoral österreichischer Bauarbeiter, die stets aufsässig murren und während der Arbeit Bier trinken.

Solcherart sind Erwähnungen fast immer: Fremdenverkehrswerbung, gemischt mit ein paar herabsetzenden Einschränkungen, fast immer aber *en passant* angebracht. In *Bones of the Moon* etwa nennt der Amerikaner Danny Wien »sehr sauber und sehr grau«[13], während London im Vergleich dazu drekkig sei.

Der »Wiener« Roman Carrolls ist wohl *Voice of our Shadow*, denn seine wesentliche Handlung spielt in Wien, mehr noch als die von *Sleeping in Flame*. Aber selbst in diesem Roman kommen keine Wiener vor. Der Held und Ich-Erzähler des Buches ist ein amerikanischer Erfolgsschriftsteller, der schon als Student auf einen Sommerkurs nach Wien gekommen ist und Deutsch als Hauptfach hat. Er liebt Wien vom ersten Augenblick an, aber auf eine herablassende Weise: »Die Wiener sind wohlgenährt, gehorsam und in fast allem, was sie tun, nicht ganz auf der Höhe der Zeit«, alle seine Erinnerungen an die Stadt sind in ein »behäbiges Spätnachmittagslicht« getaucht, weil die Stadt wegen ihrer Lage so weit im Osten als »letzte Hochburg des freien, dekadenten Westens« vor den grauen Ebenen Ungarns oder der Tschechoslowakei, so »exotisch« ist. Seine Erwartungen an Wien erstrecken sich auf Sachertorte, Ausflüge auf der blauen Donau und Musil. Befriedigt werden sie dann durch die unausweichlichen Cafés, muffige, kleine Kinos mit Live-Modeschauen, Oper, Ringstraße und die Brueghels im Kunsthistorischen Museum. Kurz, Wien erscheint als »liebenswertes Kuriosum«, eine »traurige, mißtrauische Stadt, die ihre beste Zeit vor hundert, zweihundert Jahren hatte«[14] - das verbirgt sie unter schimmernder Anmut. Der Held spricht in diesem Roman wohl

Deutsch, aber er redet kaum mit Einheimischen; wie es scheint nur, um den Bedarf des täglichen Lebens zu bestellen, und seine erste Freundin in Wien ist eine »schicke Französin«[15], Übersetzerin bei der UNO. Seine große Affäre, von der der Roman handelt, hat er mit einer Amerikanerin, India Tate. Der Schriftsteller-Held Lennox hat zwar vor, ein Buch über Wien im 2. Weltkrieg zu schreiben, über die Entbehrungen und Leiden der Zivilbevölkerung, aber auch das ist nur ein hingeworfener Plan, aus dem nichts wird, und aus dem für den Roman nichts folgt.

Ganz ähnlich in *Sleeping in Flame*. Dort werden die komisch klingenden Straßennamen kommentiert: Schulz-Strassnitzki-Gasse, Ottakringer Straße, Adalbert-Stifter-Straße, Blutgasse[16]. Es wird erwähnt, daß die Wiener Kunstakademie Adolf Hitler nicht aufnehmen wollte, die Wiener Hitler aber auf dem Heldenplatz begeistert empfingen und daß Mozart in ein Armengrab geworfen wurde. Und wieder der Konservatismus der Stadt, ihr Zurückgebliebensein: »Hier leben so viele alte Menschen, daß sich ihr Wesen im Charakter der Stadt spiegelt: sie ist bedächtig, argwöhnisch, ordentlich, konservativ. Es ist eine Stadt, in der man nichts zu fürchten hat, in der ein Spaziergang noch ein wahres Labsal für das Auge ist und die Cafés richtige Sahne nehmen.«[17] Sahne sagen natürlich die Deutschen: in Wien heißt es Schlagobers.

In diesem Roman wird auch ein Fall von öffentlicher Kindesmißhandlung durch die Kindesmutter geschildert. Eine Freundin des Erzählers mischt sich empört ein, während der österreichische Ehemann der Frau daneben steht, sich hilflos gibt und als der nette Österreicher, der er ist, seine Frau eine »alte Schlampe« nennt und ihr aufträgt: »Das kommt nicht wieder vor, alte Schlampen. Sonst kriegts von mir an Tritt in ihrn fetten Arsch«[18] (auch eher Bundesdeutsch als Wienerisch). Zur Bekräftigung des Gesagten bekommt sie einen Schlag auf den Hinterkopf, daß sie zu Boden geht, worüber sich das mißhandelte Kind unbändig freut.

Im selben Roman erfährt man auch: »Die Wiener Polizisten sind berüchtigt für ihre grobe, faschistoide Art.«[19] Zuvor kennt ein Freund des Helden »so viele verschiedene Leute - Opernsänger, neonazistische Politiker, einen schwarzen Amerikaner, dem das einzige mexikanische Restaurant in ganz Österreich gehörte.«[20] Gelegentlich werden zwar mit Leuten Filmprojekte und dergleichen besprochen (natürlich in Cafés und Konditoreien), und die genannten österreichischen Künstler und Architekten sind Zelebritäten, die auch international recht bekannt sind: Joseph Hoffmann und die Wiener Werkstätten, der Bildhauer Hrdlicka, die Architekten Coop-Himmelblau (in *Outside the Dog Museum*). Straßennamen, U-Bahn-Stationen (die Kettenbrückengasse in *Outside the Dog Museum*) werden zu Schauplätzen eines Wunders. Auch ländliche Orte und Berge kommen vor: etwa der Schneeberg mit seiner Zahnradbahn.

Aber nichts davon geht tiefer, nichts wird an diese Erwähnungen geknüpft, es sind kleine Farbtupfer, leichthin ausgestreut, um den Romanen und Geschichten einen Hauch des Exotisch-Europäischen zu geben, vor allem in den Augen jener Amerikaner und Engländer, die doch Carrolls erste Leser sind. Das alles könnte man ebensogut in jedem Reise- und Stadtführer finden. Auch die liebenswürdige Bemerkung, daß die Österreicher einander häufig mit »Grüß Gott« (= Gottes Gruß) grüßen (selbst Nicht-Katholiken aus purer Gewohnheit), ist ja kaum eine tiefsinnige Einsicht oder großartige Entdeckung.

Alle diese Elemente, Erwähnungen, Hinweise, Bemerkungen haben nicht den Charakter einer scharfsinnigen Beobachtung eines fremden Landes und seiner Bewohner, zeigen nicht den mikroskopischen Blick des fremden Gastes, der Dinge sieht, welche die Einheimischen längst nicht mehr bemerken, sondern sind eher werblichen Aussagen vergleichbar: sie könnten ebensogut Prospekten entnommen sein und sind bloßes *name-dropping* (Graben, Stephansdom - das Bekannteste, Offensichtlichste; es fehlen aber die Heurigenklischees und sogar die süßen Wiener Mädel).

Recht besehen müßte die österreichische Fremdenverkehrswerbung Carroll einiges für die ständige Werbung zahlen, die er für österreichische Markenartikel macht, denn die liebenswürdig-positiven, wenn auch von wohlwollender Nachsicht für die idyllische Rückständigkeit des Landes und seiner Bewohner geprägten Erwähnungen überwiegen bei weitem die kritischen, aber ebenfalls nicht tiefgreifenden Bemerkungen.

Anmerkungen

1 Ingeborg Sperl, »Der laute Träumer«, erschienen in: *Wienerin*, April 1989.
2 Susanne Eiff, »Jonathan Carroll: Amerikaner, Lehrer, Schriftsteller - Ein ganz alltäglicher Phantast«, erschienen in: *Rheinischer Merkur / Christ und Welt*, 10. Juli 1987.
3 Ebd.
4 Zitiert von Frank Duwald in »Jonathan Carroll: Im Land des Lachens«, erschienen in: *Science Fiction Media*, April 1991.
5 Susanne Eiff, »Jonathan Carroll: Amerikaner, Lehrer, Schriftsteller - Ein ganz alltäglicher Phantast«, a.a.O.
6 Jonathan Carroll, *Laute Träume* (Frankfurt am Main: Suhrkamp, 1988), S. 108.
7 Jonathan Carroll, *Outside the Dog Museum* (London: Macdonald, 1991), S. 65.
8 Jonathan Carroll, *Laute Träume*, a.a.O., S. 58.
9 Ebd., S. 124 und 148.
10 Ebd., S. 78.
11 Jonathan Carroll, *Schlaf in den Flammen* (Frankfurt am Main: Suhrkamp, 1990), S. 15.
12 Jonathan Carroll, »Mein Zündel«, erschienen in: Jonathan Carroll, *Die panische Hand* (Frankfurt am Main: Suhrkamp, 1989), S. 94.
13 Jonathan Carroll, *Laute Träume*, a.a.O., S. 29.
14 Jonathan Carroll, *Die Stimme unseres Schattens* (Frankfurt am Main: Suhrkamp 1989), S. 30 und 31.
15 Ebd., S. 35.
16 Jonathan Carroll, *Schlaf in den Flammen*, a.a.O., S. 14.
17 Ebd., S. 15.
18 Ebd., S. 43.
19 Ebd., S. 205.
20 Ebd., S. 19.

Schutzengel und Seelendetektive

Die Romane und Novellen Jonathan Carrolls

Stefan Linder

Was mich an Carroll anzieht? Seine visionäre Kraft. Seine Fähigkeit, immer wieder eine Welt zu erschaffen, die einen sanft verzaubert, einem Angst macht, Staunen oder Argwohn in einem erregt, einen dazu bringt, daß man sich die Augen zuhält oder vor Vergnügen in die Hände klatscht...

Soweit ein - entsprechend modifiziertes - Zitat aus *The Land of Laughs*, das Jonathan Carroll seinem Helden Thomas Abbey in den Mund legt, das aber auch auf den Meister selbst angewandt seine Gültigkeit behält.

In bisher sieben Romanen und zwei Novellen konfrontiert Carroll seine Protagonisten mit dem Einbruch des Phantastischen in den scheinbar so soliden Alltag. Das dünne Eis der Realität, auf dem wir dahinschlittern, erweist sich als trügerische, nur allzu verletzliche Trennschicht zwischen mehr oder minder wohlgeordnetem Diesseits und den oftmals erschreckenden Räumen hinter dem Horizont unserer beschränkten geistigen Sicht.

Daß dabei die phantastischen Elemente nicht zum reinen Show-Effekt verkommen, sondern als bewußt und gekonnt eingesetzte Metaphern für das menschliche Seelenleben dienen, verleiht Carrolls schriftstellerischem Werk eine Qualität, die es weit über die Dutzendware von Fantasy und Horror hinaushebt.

Mit seinen ineinander verflochtenen Romanen schafft er einen Gesamtkosmos einer ganz eigenen Prägung des »Magischen Realismus« - man mag es nennen, wie man will, er schreibt (zumindest meistens) einfach *gut*.

Doch urteilen - und lesen - Sie selbst:

Sein Debüt als Romanautor gab Carroll 1980 mit *The Land of Laughs*.[1] Hauptfigur ist Thomas Abbey, ein Lehrer aus Neuengland und zu seinem nicht geringen Verdruß auch Sohn des Leinwandlieblings Stephen Abbey. Dieser kam zwar vor Jahren bei einem Flugzeugabsturz ums Leben, spielt aber immer noch eine große Rolle im Dasein von Thomas, der entnervt gesteht, er habe »manchmal das Gefühl, nicht »Thomas Abbey«, sondern »Der Sohn von Stephen Abbey« zu heißen.« Thomas ist ein enthusiastischer Fan des ebenfalls verstorbenen Kinderbuchautors Marshall France, des Schöpfers von Werken wie *Der Sternenteich, Pfirsichschatten, Die Trauer des grünen Hundes* und *Das Land des Lachens*. Von seiner Lehrtätigkeit zunehmend frustriert, von Klatschseitenreportern gestreßt, die ihm, begierig nach Material über seinen Vater, keine Ruhe gönnen, beschließt er, sich in einem Freisemester von der Muse küssen zu lassen und eine Biographie seines Lieblingsautors zu verfassen.

In einem Antiquariat trifft er Saxony Gardner, eine glühende Verehrerin von France, die ihm, kaum daß sie von seinem Projekt erfährt, nicht mehr von der Seite weicht. Was als aus der gemeinsamen Begeisterung geborene Zusammenarbeit beginnt, entwickelt sich bald zu einer intensiven, literarisch umflorten Liebesbeziehung.

Bei ersten Vorarbeiten stoßen die beiden auf Unstimmigkeiten zwischen den biographischen Daten, die Saxony recherchiert hat, und den Begebenheiten, die Thomas von Frances Verleger erzählt wurden. Ein Besuch bei einem Bestattungsunternehmen, bei dem France zeitweise tätig war, zeigt eine neue Facette in dessen Charaker auf. So sei aus dem anfangs doch sehr empfindlichen Mann später ein wahrhaft begabter, schwarzem Humor nicht abgeneigter Mitarbeiter geworden.

Die beiden hoffnungsvollen Biographen beschließen für weitere Nachforschungen nach Frances Heimatstadt Galen zu fahren und sich ihr Werk von dessen dort lebender Tochter Anna autorisieren zu lassen.»Galen war eine Stadt mitten in Missouri, deren Bevölkerung überwiegend der unteren Mittelklasse angehörte es waren hart arbeitende Menschen, die am Mittwochabend kegeln gingen, einfältige Fernsehserien herrlich fanden, Schinken-Sandwiches aßen und auf eine neue Landmaschine oder ein Wochenendhäuschen am Lake Tekawitha sparten.« So beschreibt Thomas später einmal das Städtchen. Kleinen Rissen in der idyllischen Fassade messen die France-Fans noch keine Bedeutung bei. Anfangs verläuft auch alles wie am Schnürchen: Kaum angekommen, begegnen sie sogleich ihrer künftigen Vermieterin, Mrs. Fletcher, und auch Anna France, entgegen den Schilderungen des Verlegers eher eine attraktive, selbstbewußte Frau denn eine rasende Mänade, zeigt sich ihrem Unterfangen recht wohlgesonnen. Sie hinterläßt bei Thomas, der sich sogleich wilde Hoffnungen macht, einen tiefen Eindruck: »Jede ihrer Äußerungen klang entweder wie ein Befehl oder eine unanfechtbare Behauptung. Von Unsicherheit keine Spur.« Anna gibt ihr Einverständnis für erste Nachforschungen, behält sich eine endgültige Zusage aber noch vor.

Je tiefer Thomas und Saxony allerdings in das Leben von France und seiner Heimatstadt eindringen, desto mehr Widersprüchlichkeiten und seltsamen, oft makaberen Vorfällen begegnen sie. So entsetzen sich, als eines Morgens ein Junge von einem Auto überfahren wird, die Umstehenden mehr darüber, daß der Unfall so »gar nicht vorgesehen« war, als über den Tod des Kindes selbst. Auch über die Frage von Mrs. Fletcher, ob der Junge vor seinem Tod noch gelacht habe, kann Thomas nur den Kopf schütteln.

France hatte vor seinem Tod an einem Roman, *Nacht fährt in Anna*, gearbeitet. Als die beiden Rechercheure auf dem Galener Friedhof Gräber mit den Namen der Personen aus dem Roman entdecken, ist Thomas sehr enttäuscht, nahm France sich doch scheinbar lebende Menschen und nicht seiner Phantasie entsprungene Charaktere für die Figuren zum Vorbild: »Irgendwie war mir France auf einmal allzu menschlich geworden.«

Nach einigem Hin und Her gibt Anna der Biographie schließlich grünes Licht, und das Autoren-Gespann macht sich ans Schreiben. Die Lebensgeschichte von France erweist sich als so skurril, daß sich selbst Thomas als ein hartgesottener Verehrer fragen muß, ob »unser Mann nicht ein Spinner war«, der, wie er schon früher einmal bemerkte, »nur angeknackste Typen wie uns ansprach.«

Ein Vorschlag Saxonys, er solle zur Aufarbeitung seiner eigenen Vergangenheit auch einmal eine Biographie seines Vaters schreiben, fällt bei Thomas, der an seiner neuen Tätigkeit zunehmend Gefallen findet, auf fruchtbaren Boden.

Als Saxony mit einem Beinbruch ins Krankenhaus muß, ergreift Anna ihre Chance und verführt den nur allzu willigen Thomas, der die folgenden Tage als Annas Geliebter, Saxonys Kamerad und Frances Biograph als die »sagenhafteste Zeit meines Lebens« bezeichnet.

Das Glück ist allerdings nur von kurzer Dauer. Mrs. Fletchers Hund, der Bullterrier Nagel, wird überfahren, woraufhin sich sein Frauchen überglücklich zeigt, sehr zu Thomas' Befremden, der Anna, die ganzen seltsamen Vorfälle seit seiner und Saxonys Ankunft betreffend, zur Rede stellt.

Annas Antwort strapaziert allerdings selbst die Gutgläubigkeit des ansonsten sehr phantasiebegabten Thomas: France hatte bei der Arbeit an *Nachtfährt in Anna* entdeckt, daß die von ihm beschriebenen Geschehnisse sich im wirklichen Leben wiederholten. Der Autor wurde zum Schöpfer: »Marshall France hatte entdeckt, daß er nur etwas zu schreiben brauchte, und es geschah: es existierte: es entstand. Einfach so.«

Weit davon entfernt, von der Schriftstellerei nun die Hände zu lassen, ging France daran, sich das Städtchen nach eigenem Gusto »umzuschreiben«. Nach und nach wurden alle »wirklichen« Einwohner bis auf Anna und ihren Freund Richard aus der Stadt geekelt und diese dann mit seinen Kreaturen bevölkert. Die groben Entwicklungslinien sowohl von Galen als auch von jedem einzelnen seiner Einwohner hielt France in den *Galener Journalen* fest. Innerhalb gewisser Grenzen konnte jeder über sein Leben selbst verfügen, einschneidende Ereignisse waren aber festgelegt. Ein Verlassen der Stadt auf Dauer war nicht möglich, da man ohne Kontakt zu ihr bald dahinzusiechen begann. Leute, die sich gegen bestimmte Regeln auflehnten, wurden kurzerhand in die weißen Bullterrier verwandelt, von denen es in Galen eine ganze Menge gibt. So war auch Nagel ein verwandelter Mensch, sein Tod in den *Journalen* festgelegt.

Diese reichen zwar bis ins Jahr 3014, seit Frances Tod kam es aber immer wieder zu Abweichungen von den beschriebenen Ereignissen, die eventuell bis zur Auslöschung der gesamten Stadt führen können. Grund genug für Anna, sich nach einem Menschen umzusehen, der, mit der gleichen schöpferischen Begabung wie ihr Vater ausgestattet, diesen durch eine Biographie wieder »ins Leben schreiben« soll. Und plötzlich bekommt ihre Forderung an das Buch, ihr Vater solle dadurch »wieder leben und atmen«, für Thomas eine neue Dimension. Er entschließt sich weiterzuschreiben, obwohl die Biographie natürlich nie für eine Veröffentlichung vorgesehen war, und Saxony nicht ins Vertrauen zu ziehen.

Durch sein Schreiben kommt es zu keinen unvorhergesehenen Ereignissen mehr, und eine Welle der Sympathie schlägt dem bisher durch Zuneigung nicht gerade verwöhnten Misanthropen entgegen: »Ich wußte, was bei den meisten Galenern dahintersteckte [...], aber ich erfuhr immerhin, wie das ist, geachtet, geliebt und verehrt zu werden: es war verdammt angenehm.«

Einziger Wermutstropfen ist Saxony, die das Verhältnis von Anna und Thomas längst durchschaut hat und diesen vor eine Entscheidung stellt. Man einigt sich darauf, daß Thomas die Biographie, die ihm so viel bedeutet, fertigstellen kann, während Saxony Galen verläßt und auf seine Entscheidung »in Sachen Anna« wartet. Erst als sie, deren Anwesenheit er immer als so selbstverständlich erachtet hat, fort ist, merkt Thomas, wieviel ihm die natürliche, offene Saxony im Gegensatz zur raffinierten Anna wirklich bedeutet. Zudem geht die Arbeit am Buch nur schleppend voran, der »heilsame« Effekt auf die Stadt stellt sich nicht mehr ein, und Thomas weht von den angesichts zunehmend chaotischer Vorfälle mehr und mehr verärgerten Galenern ein ganz anderer Wind ins Gesicht. Erst als Saxony, entgegen ihrer Abmachung zurückgekehrt, die Entwürfe korrigiert, kehrt wieder etwas Ruhe ein.

Thomas ist inzwischen bei der Ankunft des aus Deutschland emigrierten France in Galen angelangt, und Anna organisiert eine symbolische »Halbzeitfeier«, bei der ganz Galen, mit Ausnahme der Biographen, am Bahnhof des großen Meisters gedenken soll. Neugierig wie er ist, hält es Thomas am besagten Abend nicht im Haus, und so wird er Zeuge, wie France, ganz Annas Erwartungen entsprechend, tatsächlich aus dem Nirgendwo her wieder in Galen eintrifft. Da man für derart bizarre Vorfälle natürlich keine lästigen Zeugen brauchen kann, hat Anna mit ihrem Geliebten Richard schon vorgesorgt: Just im Moment von Frances Ankunft fliegt das Haus von Mrs. Fletcher zusammen mit der unglücklichen Saxony in die Luft. Der entsetzte Thomas flieht. Ende? Noch nicht.

Die Geschichte macht nun einen Sprung von drei Jahren: Thomas ist, immer in Angst vor einer Verfolgung durch den Anna hörigen Richard, um die halbe Welt gereist und hat in einem momentan nur als »Er« bezeichneten Begleiter Gesellschaft gefunden. Seine Befürchtungen bewahrheiten sich, als auch Richard im gleichen Ort Station macht. Doch Thomas, inzwischen kein willfähriges Opfer mehr, war nicht müßig: Die ihm eigene Kraft nutzend, hat er die Biographie seines Vater geschrieben, und dieser steht ihm nun bei der - recht herzlosen - Beseitigung des zu Tode erschrockenen Richard hilfreich zur Seite. Ende.

Carroll zeigt in seinem Roman verschiedene Haltungen von Menschen dem Leben gegenüber, die von dumpfer Akzeptanz bis zur hochgeschraubten Hybris reichen. Thomas ist ein in sich zerrissener Mensch: Unter einer übermächtigen Vatergestalt leidend, gelingt es ihm nicht, eine eigene charakterfeste Persönlichkeit auszubilden, und er flüchtet sich lieber in einen zynischen Misanthropismus, sein wahres Ich immer unter Verschluß haltend - seine bizarre Maskensammlung spricht da Bände. Sein nur allzu menschliches Bedürfnis nach Liebe und Wärme bleibt jedoch bestehen; ihm angenehme Menschen dürfen - ganz der Oberlehrer - »mit guten Noten rechnen.« Annas Frage »Wer sind Sie [...], außer Stephen Abbeys Sohn?« trifft seinen wunden Punkt. Für ein bißchen Selbstbestätigung ist er dagegen immer dankbar, so auch bei einem Zusammensein mit Saxony: »Sie sagte immer und immer wieder meinen Namen. Das hatte noch keine [...] getan.« Einerseits recht genußorientiert, einem *tête-à-tête* nie abgeneigt, andererseits wieder so schamhaft, daß ihm schon ein Stück behaarter Unterschenkel, das aus seiner Hose hervorlugt, die Röte ins Gesicht treibt, ist er ein erwachsenes Kind, das mit den eigenen Wünschen und Fähigkeiten noch nicht haushalten gelernt hat.

Ganz anders Martin Frank. Der ändert schon im zarten Alter von acht Jahren seinen Namen in Marshall France und reagiert fortan nur noch auf seinen »Künstlernamen«. Auch als Erwachsener äußert selbstbewußt, wirft ihn die Entdeckung seiner schöpferischen Fähigkeiten nicht etwa in eine persönliche Krise, sondern er macht sich bald daran, sein Stückchen von der Welt nach seinen Vorstellungen zu gestalten. Da werden Menschen ihre Lebensläufe fix und fertig in die Wiege gelegt, Aufmüpfige zur Strafe in Tiere verwandelt, laut eigener Aussage »das Schlimmste, was einem Menschen in einem Märchen passieren kann«, und zur Förderung der Ehrfurcht seiner »Untertanen« wird auch schon mal ein Mensch mit rebellischem Charakter erschaffen, der natürlich prompt ein Gebot übertritt, und an dem man sodann mit strafender Hand ein Exempel statuieren kann. Die Fortführung der *Journale* soll garantieren, daß seine Schöpfungen »nach seinem Tod auch noch einwandfrei funktionieren«, was zwar die Sorge um seine geistigen Kinder verdeutlicht, aber auch ein bezeichnendes Licht auf das Verhältnis zwischen Schöpfer und Geschöpf wirft. Intuitiv karikiert Saxony den auf dem Allvater-Trip befindlichen Kinderbuchautor einmal als »himmlischen Marionettenspieler«, der alle Fäden in der Hand hält.

Ein Leben nach dem Tod hat der große France nicht vorgesehen, und so müssen sich die Galener auch keine Gedanken um ein Urteil im Jenseits machen, können die ihnen zugemessene Spanne voll ausleben, was Thomas treffend als den »Traum jedes Nihilisten« bezeichnet. Vom Großteil der Bevölkerung wird France wortwörtlich abgöttisch geliebt, seine von ihnen gelebte Philosophie unterstützt. Der neugierige Thomas bekommt Antworten zu hören wie: »Ich will wissen, wann mein letztes Stündlein schlägt.« Oder: »Ich mache mir nie Sorgen darüber, was mit mir mal sein wird [...]. Aber Sie schon, oder? Also, wer ist jetzt besser dran, Sie oder ich?«, was ihm als »reinste Form des Calvinismus« doch etwas gegen den Strich geht. Ob ein Mensch, der die wichtigen Ereignisse in seinem Leben bereits im voraus kennt, diesen wirklich sorgenfrei entgegenzusehen vermag, sei dahingestellt.

Als erste befreit sich Saxony aus dem Bannkreis von France. Ihr ist längst klar, was sie mit ihrem Leben anfangen will: »Ich habe genug von Marshall France. Ich will mein Herz nicht mehr an ein Buch oder eine Marionette hängen, sondern an dich«, hält sie dem zwischen seiner Liebe zu ihr und der Franceschen Faszination hin- und hergerissenen Thomas vor. Saxony verläßt Galen, besiegelt aber mit ihrer Rückkehr ihr Schicksal.

Erst ihr Tod und Annas Betrug rütteln Thomas genug auf, um die Marionettenfäden zu zerschneiden und sein Leben in die eigene Hand zu nehmen. Mit France entsagt er der einen übermächtigen Vatergestalt, seinem leiblichen Vater stellt er sich - unter Vertauschung der Rollen als Erzeuger und Erzeugtem - und gelangt so zum Frieden mit sich selbst. Im Gegensatz zu France benutzt er seine Gabe nicht, um sich aus eigenem Antrieb in anderer Leute Leben einzumischen und »löst« auch den Konflikt mit Richard auf höchst irdische Weise. Nicht alles, was machbar ist, muß also auch getan werden; eine Denkweise, die besonders heute brennend aktuell ist.

Bleibt andererseits die Frage, warum France, der ja durchaus über die Macht dazu verfügt hätte, statt seinem streng reglementierten Kleinstadt-Eden kein richtiges Utopia schuf. Aus mangelndem Vorstellungsvermögen heraus sicherlich nicht. Aus Angst vor einer hellhörig werdenden Umwelt? Die wäre spätestens in hundert Jahren stutzig geworden, wenn sich die von France bis über seinen Tod hinaus geschriebene Geschichte Galens von der der Außenwelt deutlich unterschieden hätte. Oder konnte er nur, getreu dem Motto »Laßt unvollkommene Menschen um mich sein«, ein genügend befriedigendes Gefühl der Allmacht verspüren? Als Gegenbeispiel dient wiederum Thomas, der gelernt hat, sich mit seinem Vater, dessen charakterliche Mängel Legion sind, mehr als gütlich zu arrangieren und dadurch den durch Saxonys Einfluß begonnenen menschlichen Reifungsprozeß fortzusetzen. Denn: »Menschen sind doch Menschen« - und keine Götter.

1983 schrieb Carroll seinen zweiten Roman: *Voice of our Shadow*.[2] Darin erzählt der Schriftsteller Joseph Lennox von seinem Leben, das durch Geschehnisse in seiner Kindheit entscheidend geprägt wurde.

Der kleine Joe ist als stiller, wohlerzogener Junge so ziemlich das Gegenteil seines ausgekochten älteren Bruders Ross, der ein Gutteil seiner Flegeljahre im psychologischen Grabenkampf mit seiner Mutter verbringt. Joe ist seinem Bruder in anbetungsvoller Haßliebe verbunden und gesteht, er hätte sein »Leben am Rande des Hurricans gegen nichts auf der Welt eintauschen mögen.«

Den idealen Partner für seine Gaunereien findet Ross in seinem Freund Bobby. Gemeinsam terrorisieren die beiden Joseph, der eines Tages in einem Anfall von Panik seinen Bruder vor einen Zug stößt. Ross stirbt, die Mutter wird ein Fall für die Nervenklinik, und von der einstmals recht glücklichen Familie bleiben nur Joe und sein Vater zurück.

Zwar fällt es Joseph mit zunehmendem Alter leichter, den im Affekt begangenen Mord zu verdrängen, doch bleibt die Zeit mit seinem Bruder ein Thema, das ihn immer wieder beschäftigt. So schreibt er schließlich eine Schlüsselgeschichte über Ross und Bobby, die, für das Theater adaptiert, als *Die Stimme unseres Schattens* großen Erfolg hat.

Joe siedelt von Amerika nach Wien über. Dort hält er sich mit dem Verfassen verschiedener Artikel finanziell über Wasser, fühlt sich aber, nachdem auch noch seine Mutter stirbt und sein Vater wieder heiratet, sehr verlassen und sehnt sich nach Freunden.

Dieser Wunsch geht alsbald in Erfüllung, als er das äußerst unkonventionelle Ehepaar India und Paul Tate kennenlernt. Schon beim ersten Anblick halb in India verliebt, ist es völlig um ihn geschehen, als diese ihn auch noch als Autor des erfolgreichen Theaterstücks erkennt. »Zum ersten Mal in meinem Leben erkennt mich jemand!«, ruft da der in seinem Ego zutiefst geschmeichelte Joe aus. Fortan bilden er und die Tates ein unzertrennliches Trio, in dem Joseph die Freundschaft erfährt, die er als Kind nie bekommen hatte.

Gewillt, unter seine Vergangenheit einen endgültigen Schlußstrich zu ziehen, fasziniert ihn eine Idee, die Paul in einem ihrer zahlreichen Gespräche vorbringt: Jeder Mensch besitzt im Laufe seines Lebens verschiedene Persönlichkeiten, die sowohl in den einzelnen Lebensabschnitten einander ablösen als auch gleichzeitig nebeneinander existieren können. Joes Gedanke dazu: »Wenn doch nur der Joe Lennox, der seinen Bruder getötet hatte, endgültig verschwunden wäre.«

Gelegentlichen Mißklängen in ihrer Beziehung, so als India ihn auffordert, einmal in seinem »schäbigen kleinen Leben keine dummen Fragen« zu stellen, oder wenn Paul mehr über die wirklichen Umstände bei Ross' Tod zu wissen scheint, als er eigentlich dürfte, mißt er keine Bedeutung bei.

Die gegenseitige Anziehung zwischen Joe und India wächst, die beiden schlafen miteinander, trotz Schuldgefühlen Paul gegenüber, und doch muß sich Joe schließlich eingestehen, daß er India nicht wirklich liebt. Die Beziehung bleibt Paul nicht verborgen. Bei einem von den Tates kredenzten Abendessen, das sich perfiderweise aus den Spitzenreitern in Joes »Negativ-Leibspeisen-Hitliste« zusammensetzt, unterhält der wendige Paul die beiden anderen mit Zauberkunststücken. Sein *alter ego* als »Künstler« ist dabei die Figur des Little Boy, die er einer von Indias Zeichnungen entlehnt. Little Boy ist im Gegensatz zu Pauls normaler Persönlichkeit ein aggressiver, sadistischer Charakter. So zaubert er bei der kleinen *soirée* einen brennenden Vogel herbei und stellt bei anderer Gelegenheit den eingeschüchterten Joe wegen dessen Verhältnis zu India recht ruppig zur Rede.

Ebenso unvermittelt wie Little Boys Auftauchen ist der plötzliche Tod von Paul, der die beiden Ehebrecher mit Schuldgefühlen beladen zurückläßt. Es folgt eine Zeit der Trauer, der Neuorientierung, und die Geschichte fände ihr ebenso offenes wie konventionelles Ende. Bei einem Ausflug, den Joe und India machen, tauchen allerdings drei der Metallvögel auf, die Paul bei seinen Zaubervorführungen verwendet hat, und als dem schon stark genervten Paar bei der Heimreise auch noch die Figur des Little Boy, in fünffacher Ausfertigung, einen höhnischen Gruß zuwirft, ist klar, daß der gute Paul keineswegs in Frieden ruht, sondern eher auf einer Art postmortalem Kriegspfad wandelt. Die Idee von India, dem verblichenen Paul klarzumachen, daß die Ehe der Tates nicht wegen eines Abenteuers, sondern der Liebe wegen aufs Spiel gesetzt wurde, findet Joes Zustimmung, allein, er liebt India nicht wirklich. So geht er gern auf Indias Wunsch nach Amerika zurück, um ihr Zeit zu geben, ihr Leben neu zu ordnen und mit Paul ins Reine zu kommen.

Kaum in New York angekommen, rettet er die attraktive und patente Karen vor einer Vergewaltigung. Man kommt sich näher, und bald ist sich der bis über beide Ohren verliebte Joseph klar, daß die kühle India der lebenslustigen Karen nicht das Wasser reichen kann. Die fatale Vorliebe beider Frauen für zitronengelbe Blusen und alptraumhafte Bilder wird von ihm kaum registriert. Er und Karen verbringen eine glückliche Zeit miteinander.

Die folgende allegorische Geschichte, die in die Erzählung eingeschoben wird, läßt allerdings Schlimmes ahnen: In Joes Kindheit brannte ein Nachbarhaus ab. Der Junge lebte tagelang in Angst. Gerade als er dem Schrecken entkommen zu sein glaubte, brannte das andere Nachbarhaus ab. So findet auch Josephs Liebesglück sein Ende, als er von India nach Wien zurückgebeten wird. Karen, die von ihrem Ex-Freund bedrängt wird, weiß nicht, ob sie in Joes Abwesenheit dessen Drängen standhalten wird. Einem kurzen Aufbegehren gegen die Mächte, die sein Glück zu zerstören drohn, folgt aber Josephs pflichtschuldige Rückkehr nach Wien.

Wider alle Erwartung gelingt es ihm und India, den rachedurstigen Paul zu besänftigen. Der Wiedergekehrte verabschiedet sich und entläßt die beiden in einen farblosen Alltag. Indias Vorwurf, Joe »stehle anderen die Magie«, er habe sich bei ihr und Paul wie auch bei Ross und Bobby als emotionaler Schmarotzer betätigt, trifft diesen tief. Doch muß er sich eingestehen, daß sein Wunsch, »auf Stufe zehn« zu leben, sich immer nur durch den Schwung verwirklichen ließ, den andere Personen seinem Leben gaben.

Solchermaßen zerknirscht, ist das Opfer »reif«, und die Masken fallen: India und Paul geben sich dem entsetzten Joseph als dessen Bruder Ross und sein vor einiger Zeit ebenfalls verstorbener Kumpel Bobby zu erkennen. Die Toten haben mit dem Lebenden gespielt, die frühere Idylle zu dritt, die alle Schrecken der Kindheit zu bannen schien, erweist sich letztendlich als deren schrecklich-ausgeklügelte Fortsetzung.

Der endgültige Todesstoß wird Joes Lebenslust allerdings versetzt, als er nach New York zu seiner geliebten Karen zurückkehren will. Auf dem Bahnhof hört er Karens Stimme, dreht sich um - und sieht sich wiederum Ross gegenüber. Auch der vermeintliche Ausweg ins Glück entpuppt sich als kalkulierte Sackgasse, und dem vom Leben enttäuschten Joe bleibt nur der Rückzug auf die Insel Formori, wo er allein und abgeschieden von der Welt den bitteren Rest seines Lebens verbringen wird, da er »niemandem und nichts mehr trauen« kann.

Die Kindheit mit all ihren Wundern und Schrecken ist das den ganzen Roman durchziehende Thema. Dies wird schon an der Erzählweise deutlich: Die Erlebnisse des erwachsenen Joseph werden immer wieder durch Einschübe von Geschehnissen aus seinen Kinderjahren unterbrochen. Dies gewährt steigenden Einblick in Joes »menschlichen Werdegang«, macht aber auch allein durch die Erzählstruktur deutlich, daß wir unserer Vergangenheit nicht entkommen können, daß unsere Kindheit mit unserem Leben als Erwachsene untrennbar verknüpft ist. Die nachfolgenden Geschehnisse führen das dem arg gebeutelten Protagonisten ja mit aller Deutlichkeit vor Augen.

Pauls verlockende Idee der verschiedenen Persönlichkeiten, die ein einziges Individuum besitzt, erweist sich als illusorisch, der vermeintliche Ausweg aus dem »Dickicht der Kindheit« nur als ein die letztendlich unvermeidbare Qual von deren Aufarbeitung steigerndes Irrlicht. Der von Paul verkörperte Little Boy steht in seiner schablonenhaft-archetypischen Ausführung einer Art Sado-Maso-Kasperle näher als einer wirklichen Persönlichkeit.

Kinder sind in ihrem Innersten noch unzivilisiert und von einem ursprünglichen Egoismus beseelt, so die hier von Carroll vertretene These. Die vielzitierte Forderung, nach der »Kinder an die Macht« gehören, würde von ihm wohl kaum unterzeichnet werden. Halbwegs erwachsen ist der Mensch erst ab 22, meint India Tate und antwortet dem doch etwas pikierten Joseph, der immerhin erst 25 Lenze zählt: »Wer hat gesagt, daß du menschlich bist?« Die Tatsache, daß hier ein in seiner grausamst-spielerischen Phase steckengebliebenes Kind aus dem Munde eines scheinbar Erwachsenen spricht, verleiht der Aussage zwar ein stark ironisches *couleur*, entkräftet ihren Kern aber nicht.

Die Beziehung von Joe zu India/Ross stellt nur oberflächlich den wohl bizarrsten Fall von Inzest in der neueren Literatur dar, sondern steht symbolisch für die »unerträgliche Einigkeit des Seins« eines jeden von uns. Wer seine Vergangenheit verdrängt, sie nicht als Teil seiner selbst zu akzeptieren lernt, macht sich nicht frei, sondern geht schlußendlich doch nur seinen, oftmals selbstgeschaffenen, Erinnyen auf den Leim.

1987 beginnt Carroll mit *Bones of the Moon*[3] einen Zyklus lose zusammenhängender Romane, in den er nachträglich auch *The Land of Laughs* und *Voice of our Shadow* einbezieht. Randfiguren des einen Romans werden dabei zu den Hauptdarstellern des nächsten und umgekehrt. Stück für Stück spinnt Carroll ein Personengeflecht, das immer wieder den Einbruch des Phantastischen in die Alltagswelt erlebt.

Cullen ist ein erfolgreiches New Yorker *working girl* und eigentlich eine »Traumfrau« - jung, attraktiv und intelligent; ihre diversen Liebesabenteuer erfüllen ihren Wunsch nach Zuneigung und Zärtlichkeit allerdings nicht, und die daraus resultierenden seelischen Entzugserscheinungen sind ihrem sich ohnehin nicht auf sonderlich hohem Niveau bewegenden Selbstwertgefühl nicht gerade zuträglich.

Von einem ihrer Galane ungewollt schwanger, entschließt sie sich zur Abtreibung - und fällt in ein Loch abgrundtiefer Depression. In dieser Notlage eilt ihr Danny James zu Hilfe, ein alter Collegekamerad, den Cullen ihrerseits vor Jahren beim Tod seiner Frau getröstet hatte. Sehr schnell merken die beiden, daß sie immer schon mehr als bloße Zuneigung füreinander empfunden haben: »Danny war ein Mensch, den man am liebsten entführen, für immer mit nach Hause nehmen und nie mit jemandem teilen möchte.« Kurzentschlossen fliegt Cullen mit Danny nach Mailand, wo dieser seine Karriere als Profi-Basketballer verfolgt. Die beiden verbringen eine so glückliche Zeit zusammen, daß sich Cullen wünscht, »daß die Zeit stehenbleibt [...]. Ich möchte einfach alles so festhalten, wie es jetzt ist, so daß sich nie etwas ändern, nie etwas schiefgehen würde« - ein Wunsch, der natürlich nicht in Erfüllung geht, denn den beiden stehen gewaltige Veränderungen ins Haus.

Diese sind zwar zuerst, in Form der wohl unvermeidlichen Heirat, durchaus angenehmer Art, doch als Cullen, diesmal in vollster Absicht, mit dem Kind ihres Göttergattten schwanger geht und mit der mystischen Idee spielt, ihr abgetriebenes Baby »neu zu gebären«, gerät sie in einen Sog phantastischer Träume, die mehr und mehr die Gestalt eines einzigen, großen Nachtmahrs annehmen.

Im Gegensatz zu üblichen nächtlichen Phantasien zeigen diese Träume eine Kontinuität, sind, ganz wie alte Kino-Vorfilme, auf Fortsetzung angelegt. Mühelos schlüpft Cullen Nacht für Nacht in ihr Traum-Selbst, das »auf der anderen Seite der Realität« ein Eigenleben zu führen scheint, und kann sich sogleich an die Geschehnisse, die sich dort während des Tages zugetragen haben, erinnern.

Cullen und ein kleiner Junge, in dem sie ihren abgetriebenen Sohn namens Pepsi erkennt, landen mit einem Flugzeug auf der Insel Rondua. Dort werden sie schon von einem seltsamen Empfangskommitee erwartet: Mr. Tracy, der Hund mit einer Schwäche für Hüte, Felina die Wölfin und Martio das Kamel, allesamt intelligenzbegabt und überlebensgroß, heißen das Paar willkommen.

Rondua ist in verschiedene Bereiche, sogenannte *Striche*, eingeteilt und von einer ganzen Menagerie seltsamer Wesen bevölkert, seien sie nun menschlicher, tierischer, pflanzlicher oder mineralischer Natur. Sogar lebende Strichmännchen präsentieren sich der staunenden Cullen, der trotz der vielen Seltsamkeiten doch so manches vertraut vorkommt. An einer späteren Stelle des Romanzyklus wird das Wunderland so beschrieben: »Was war Rondua? Nimm die Wahrnehmung und Erfahrung eines sechs oder sieben Jahre alten Kindes in einem Spielzeugladen. Wo die Stofftiere so groß und allumfassend wie Wolkenkratzer sind, wo Du alles sehen und berühren willst, auch wenn es erschreckt oder abstößt.«[4]

Der Besuch von Mutter und Sohn ist aber keine reine Sightseeing-Tour durch phantasmagorische Gefilde, vielmehr haben beide eine Mission zu erfüllen. Rondua braucht, um die Eigenheiten und Ambitionen seiner verschiedenartigen Bewohner unter einen Hut zu bringen, einen Monarchen. Des Amtes würdig ist der, dem es gelingt, die fünf Mondknochen zu gewinnen, zu deren Erwerb Eigenschaften wie Liebenswürdigkeit, Phantasie, Gerechtigkeit und Mut notwendig sind. Cullen war selbst schon als Kind aussichtsreiche Kandidatin für die Herrscherwürde, hatte aber nicht genügend Mut, um auch den fünften Knochen zu erwerben. In der Hoffnung, sie würde mit einem tapferen Erben zurückkehren, ließen ihre tierischen Freunde sie damals aus dem Traumland in unsere »Realität« ziehen. Nun soll sie ihren Sohn darin unterstützen, König von Rondua zu werden.

Auf »unserer Seite« tut sich unterdessen auch so einiges. Bei einem Sportunfall wird Danny eine Kniescheibe zertrümmert, was seiner hoffnungsvollen Karriere ein frühzeitiges Ende bereitet. Cullen und Danny kehren nach New York zurück und versuchen, ihr Leben wieder in den Griff zu bekommen. »Alles kann von einem Moment auf den anderen verschwinden, vor allem Glück und Ordnung, aber je besser man gerüstet ist, sich dem zu stellen [...], um so besser«[5], philosophiert Cullen, die, von der positiven Einstellung ihres Mannes dem Leben gegenüber beeindruckt, zunehmend an Selbstbewußtsein gewinnt. Cullen gebiert ihr Wunschkind Mae, erfreut sich an den Aufmerksamkeiten ihres geliebten Danny, findet in ihrem schwulen Nachbarn Eliot einen guten Freund und staunt über ihre sich nächtens entladende Phantasie, als sie auf einmal seltsame Kräfte an sich feststellt: ein lauwarm servierter Kaffee wird auf ihren Wunsch wieder heiß; ein Rennfahrer, der nach einem Unfall, den auch Cullen im TV miterlebt, allen Naturgesetzen zufolge eigentlich mausetot sein müßte, überlebt - scheinbar auf Cullens flehentlich geäußerten Wunsch hin.

Diese Vorfälle ließen sich noch einigermaßen rational erklären, doch als Cullen Eliot zu einem Interview mit dem avantgardistischen Filmemacher Weber Gregston begleitet, wird dieser, die Gunst der Stunde nutzend, zudringlich - und bekommt sein Macho-Mütchen von der selber höchst verblüfften Cullen mit einer Portion Mondknochen-Licht gekühlt, das bisher ein reines Phantasieprodukt zu sein schien. Damit schafft sich Cullen, ganz entgegen ihrer Absicht, einen glühenden Verehrer, der von ihrer »Zauberfaust« schwärmt und dem unwilligen Objekt seiner Begierde gesteht: »Von dem Moment an, wo Sie mich geschlagen haben, habe ich dauernd an Sie denken müssen.« Kein Wunder, hat Cullen doch anscheinend ein »Stückchen Rondua« in Gregstons Leben gebracht, der nun seinerseits vom Märchenland zu träumen beginnt und seiner »Erleuchterin« für die mannigfachen Inspirationen zu neuen Filmen begeistert dankt. Durch soviel Enthusiasmus geschmeichelt, beschließt Cullen, ihre zumindest von ihrer Seite aus völlig platonische »*liaison*« mit dem »gezähmten Widerspenstigen« fortzuführen und vor ihrem Mann geheimzuhalten.

Einen weiteren seltsamen Verehrer gewinnt Cullen in ihrem Ex-Nachbarn Alvin Williams, der ein schüchterner, in sich gekehrter junger Mann zu sein schien, inzwischen aber durch die ziemlich bestialische Verfrachtung von Mutter und Schwester in eine »bessere Welt« als »Axtmörder« Schlagzeilen machte. Alvin unterhält alsbald einen Briefkontakt mit Cullen, die die Post aus dem Kittchen zwar mit gemischten Gefühlen empfängt, ihrem mitfühlenden Herzen aber immer wieder einen Stoß gibt.

So wie ihre Rondua-Träume sich auf ihr alltägliches Leben auszuwirken beginnen, tauchen immer wieder Elemente von Cullens New Yorker Existenz in Rondua auf - für einen Traum die wohl weitaus gängigere Richtung. Als die gemischte Gesellschaft auf der Suche nach den Mondknochen in Ophir Zik, der Stadt der Toten, eintrifft, begegnet Cullen dort Dannys früherer Frau Evelyn, und Pepsi erzählt ihr, daß auch er selbst von dort gekommen ist, nachdem sie ihn »einmal getötet« hat. Dieses aufrüttelnde Geständnis, von dem Cullen schuldgepeinigt meint: »Nichts, nicht einmal der Tod konnte furchtbarer sein als dieser Schmerz«, führt dazu, daß sie nun Pepsi mit aller Energie auf der Suche nach den Knochen unterstützt, damit dieser nie mehr nach Ophir Zik zurück muß.

Drei Knochen nennen sie schon ihr eigen: Obnoy, den Cullen durch ihre Liebe zu Pepsi aufspüren konnte; Kat, der Pepsi für den findigen Nachbau der legendären Windlippen zugesprochen wurde, und den für deutsche Leser begifflich schon anderweitig besetzten Domenica, den Pepsi erhielt, da er Felina die Wölfin vor dem Warm errettete und dieses anschließend am Leben ließ.

DeFazio, der Hüter des vierten Knochens Slee lebt auf einer Insel. Auf der Fahrt dorthin bemerken Cullen und Pepsi eine Landschaft unter Wasser, die möglicherweise die »reale« Erde sein könnte. Den vierten Knochen bekommen sie von DeFazio einfach geschenkt, allerdings mit dem wenig ermutigenden Zusatz, daß sich in Rondua nicht viel ändern werde, wenn Pepsi König wird. Auch werden sie darüber aufgeklärt, daß Pepsi in einem Wesen namens Jack Chili einen Konkurrenten um die Macht hat. Chili hat die Gabe, seine Gestalt zu wechseln und haßt alles, was ihm nicht gehört.

Bei der Rückkehr zu ihren tierischen Freunden müssen Mutter und Sohn zu ihrem nicht geringen Entsetzen feststellen, daß Jack Chili sie in Gestalt von Martio dem Kamel von Anfang an ausspioniert hat.

Eine kurze Ruhepause vom Traumstreß genießt Cullen mit Danny bei einem Ausflug nach Mailand. Aber auch dort ist sie vor Rondua nicht sicher. Sie trifft eine Frau, die ihr schon einmal mit Drohgebärde im Traum erschien und sie nun als Hexe beschimpft. Wieder in den Staaten zurück, muß Danny an das Krankenbett seiner Mutter eilen und läßt Frau und Tochter in Eliots Gesellschaft zurück. Die endgültige Konfrontation mit ihren Träumen muß Cullen allein durchstehen, fürchtet sie bei Danny doch sowieso »Mangel an Verständnis« für ihre Phantastereien, die sie viel lieber mit ihrem begeisterungsfähigen Hausfreund Eliot teilt.

In Rondua steht derweil die Entscheidungsschlacht bevor. Viele Wesen unterstützen den inzwischen sehr tatkräftig gewordenen Pepsi, was Cullen zu der verblüfften Frage bewegt: »War er plötzlich jemand geworden, ohne daß ich es gemerkt hatte?« Chilis Armee hingegen setzt sich aus den fleischgewordenen Träumen verrückter Kinder zusammen, die der Überböse bezeichnenderweise in einem Haus namens Café Deutschland untergebracht hat. Das alles entscheidende Duell wird aber zwischen Pepsi und Jack Chili allein stattfinden. Auf dem Weg zur Kampfstätte gewinnt Pepsi noch den fünften Knochen Min und stellt sich dann seinem Widersacher in einem Spiegelbild von Cullens Wohnung im »realen« New York. Immer zu einem makaberen Scherz bereit, erscheint Chili, wie schon zuvor einmal, in Gestalt von Cullens mittlerweile abserviertem Briefpartner Alvin Williams und fordert Pepsi zum Russischen Roulette. Dessen Ausgang erlebt die erwachende Cullen nicht mehr mit.

Mittlerweile verschafft sich der echte, aus der geschlossenen Anstalt ausgebüxte Alvin Zugang zu ihrer Wohnung, tötet Eliot und droht, auch Cullen und ihre Tochter umzubringen, wenn Cullen ihm nicht wieder Briefe schreibe. Auf die Nennung des Namens »Chili« reagiert er nur verwirrt. Retter in der Not ist Pepsi, der sein Duell in Rondua gewonnen hat und nun seiner Mutter - zu Alvins großem Pech - aus dem Traumland ganz prosaisch mit einem Wagenheber zu Hilfe eilt. Cullen bleibt mit Mae »auf unserer Seite« zurück und muß mit dem Verlust ihres Sohnes, der nun sein Herrscheramt antritt, und dem Tod von Eliot fertigwerden.

Carroll greift in *Bones of the Moon* das zur Entstehungszeit des Romans so überaus beliebte Motiv der Queste auf, bei der eine Handvoll zusammengewürfelter Gefährten sich auf die Suche nach den 3/5/289 Erlösung verheißenden Schwertern/Schlüsseln/Suppenschüsseln macht (so läßt er den belesenen Eliot auch Parallelen zum Beispiel zu Tolkiens *Herr der Ringe* ziehen).

Durch die teilweise Verlagerung des Geschehens ins Traumland führt er diese oftmals infantilen Schmalspurphantasien *ad absurdum*, kann vor einem entzückten Lesepublikum ein Feuerwerk der Imagination abbrennen und sich doch über sein eigentliches Thema verbreiten, nämlich den Zwiespalt zwischen Wunsch und Tat, Phantasie und Realität und die Notwendigkeit, diesen zu überbrücken, mit sich selbst und den Konsequenzen seiner Entscheidungen ins reine zu kommen. Das erkennt auch seine Protagonistin Cullen: »Unsere Handlungen und Verantwortlichkeiten sind unsere eigenen: Was später wiederkehrt, um uns heimzusuchen oder uns zu bestätigen, läßt sich weder vorhersagen, noch ist es immer ganz begreiflich.«

Cullen ist eine Frau mit einem fixen Wertesystem. Ob sie nun Dannys frühere Ehefrau Evelyn als »eine von den Guten« bezeichnet oder bekennt: »Ich verzeihe nichts«, immer merkt man die Entschiedenheit ihres moralischen Urteils. Dabei ist sie sich durchaus im klaren, daß nicht alles mit dem Verstand zu bewerten ist: »Logik und Vernunft haben ihre Grenzen, dann meldet sich das Herz.«

Cullens Herz meldet sich im Laufe der Zeit nun immer öfter. Sie erlebt nach der Abtreibung schwerste Schuldgefühle und gewinnt erst durch die Liebe zu Danny ihre seelische Balance wieder. Aber auch die Liebe hat ihre Schrecken: »Jemanden zu lieben ist einfach. Geliebt zu werden kann furchterregender sein als alles andere. Denn Liebe ist das Ende jeder Beherrschung [...]« - ein Verhalten, das der immer sehr auf Selbstdisziplin bedachten Cullen nicht gerade im Blut liegt. Ihre von Phantasie und Imagination strotzende Kindheit hat sie längst ad acta gelegt, ihre von - zugegebenermaßen naivem - Idealismus beseelte Jugend versucht sie zu vergessen: »Gibt es überhaupt jemanden, der sich an seine Vergangenheit erinnern kann, ohne sich innerlich zu krümmen?«

Doch das verschmähte Gut kehrt mit Macht zurück. Zuerst zum reinen Gaudium, das man nachts erlebt und sich am nächsten Tag dann genüßlich nochmals auf der Zunge zergehen lassen kann bald wird Cullen aber klar, daß sie mehr als nur eine bloße Zuseherin einer Art gehobener *Sandmännchen*-Sendung für Erwachsene ist. Das Land der Phantasie besitzt seine eigenen Gesetzmäßigkeiten - und die machen nicht einmal vor dem normalen Alltagsleben halt. Ihre Vergangenheit, sprich der abgetriebene Pepsi, verlangt nach Aufarbeitung.

Als Cullen ihrem Sohn eine neue Existenz in Rondua schenkt, indem sie ihm hilft, den sich stets wandelnden Jack Chili zu besiegen, gewinnt sie auf schmerzhafte Weise selbst an Kontur und erlangt die Herrschaft über ihre Träume, deren hilfloses Opfer sie bisher war, zurück. Ein Vorbeimogeln am Schicksal gibt es bei Carroll nicht, jede Entscheidung hat ihren, oft bitteren, Preis. Erst nach der schmerzhaften Katharsis im Feuer ihrer Seelenlandschaft kann Cullen - wenn auch noch zögerlich - ihr weiteres Leben angehen.

Dabei spielt es letztendlich keine große Rolle, ob die Insel Rondua ein magisches Traumland über den Wolken oder die Veranschaulichung des eigenen Innenlebens ist, ob das Übergreifen der phantastischen Welt ins Alltagsleben reales Geschehen darstellt oder die Gleichwertigkeit beider Bereiche symbolisiert. Was zählt, ist das Ergebnis der Reise, der Willen, sein Leben verantwortungsbewußt anzupacken, entsprechend dem Widerwort Cullens zum fatalistischen DeFazio: »Ich war jedoch in der glücklichen oder gesegneten Lage zu wissen, daß es auch großartige Dinge gab, nur daß man sie dem Leben erst entreißen mußte« - mit allen Konsequenzen.

Es war einmal im Jahre 1988, da machte sich Jonathan Carroll auf, in einem Roman namens *Sleeping in Flame*[6] vom Leben eines Menschen namens Walker zu erzählen. Der war ein rechtschaffener amerikanischer Mann und verdiente sein Brot als Schauspieler und Drehbuchautor. Walker und sein Weib zogen von Amerika in die Fremde, in eine Stadt, die Wien hieß. Und da sie sich bald nicht mehr gut verstanden, ließen sie sich voneinander scheiden, worüber sie beide sehr traurig waren. Der wackere Walker beschloß daraufhin, in Wien zu bleiben, da es ihm dort gut gefiel, und hier sein Glück zu machen.

Soweit die Vorgeschichte. Durch seinen guten Freund Nicholas lernt Walker Easterling beim Besuch einer Münchner »In«-Kneipe die faszinierende Maris York kennen - und es trifft ihn wie der Blitz die Erkenntnis »wie herrlich es wäre, wenn sie auf mich warten würde.« Maris wird von ihrem neurotischen Ex-Freund Luc einem ausgeklügelten Psycho-Terror unterzogen und beschließt spontan, um ihrem chaotischen Leben in der »Weltstadt mit Herz« zu entfliehen, einer Einladung von Nicholas und Walker nach Wien zu folgen, denn »in Wien auf die Nase zu fallen, ist immer noch besser, als quälend langsam in Flammen aufzugehen.« Maris arbeitete früher, aufgrund ihres blendenden Aussehens, als Model, ließ dann aber ihrer künstlerischen Ader freien Lauf und ist nun als Designerin detailgenauer LEGO-Städte sehr gefragt.

Bei ausgedehnten Spaziergängen durch Wien - die Carroll genügend Gelegenheit geben, die von ihm heißgeliebte Stadt mit all ihrem Charme vorzustellen - entwickeln Walker und Maris eine starke Zuneigung füreinander und gestehen sich schließlich ihre Liebe - und schon liegt der Hauch des Verderbens über dem noch jungen Glück: »Diese Minuten [...]. Sie waren unser Garten Eden [...]. Und schließlich wurden sie uns zum Verhängnis.«

Maris vertritt die Meinung: »Kinder müssen wissen, wer ihre Eltern sind und wie sie waren« und ist leicht schockiert, als ihr Walker gesteht, daß er ein Adoptivkind war und seine Eltern nie gekannt hat. Das rührt wiederum die Romantikerin in ihr: »Es ist wie ein deutsches Märchen!«

In ihr Liebesidyll beginnen sich langsam Mißtöne einzuschleichen. Eines Abends wird Walker von einem kleinwüchsigen Mann fast mit dessen Fahrrad erlegt. Auf den höhnischen Gruß »Willkommen, Rednaxela!« kann er sich keinen Reim machen. Auch entdeckt Walker an sich die seltsame Fähigkeit, ein Bild von Maris' verflossenem Liebhaber Luc wie von Geisterhand auf einer Ecke balancieren lassen zu können.

Leider bleibt es nicht bei der Erinnerung in Polaroid, und Luc, in Walkers Worten ein »hochgradiger Psychopath mit Doktorhut in kreativem Sadismus«, kommt auf einem mißgeleiteten Minne-Feldzug nach Wien, um Maris zurückzuerobern. Allerdings wird der Betrüger sehr schnell zum Betrogenen, und er fällt einem bösen Scherz von Nicholas zum Opfer, der ihm - mittels einer entprechend verkleideten »Dame« aus dem einschlägigen Milieu - vorspielt, Maris versuche ihr Glück nun im Rotlichtbezirk von Wien. Lucs Drohung »Dich kauf ich mir« wischt Nicholas kaltlächelnd beiseite - nur um kurz darauf zufällig durch einen Terroranschlag am Flughafen vom Schicksal ereilt zu werden.

Aber auch Walkers Schicksal ist nicht müßig. Bei Nicholas' Beerdigung stößt Maris auf das Grabkonterfei eines gewissen Moritz Benedikt, vor dreißig Jahren in Wien gestorben - und dem guten Walker wie aus dem Gesicht geschnitten. An diesem Grab trifft der eh schon recht unangenehm berührte Walker auf zwei ältere Frauen, die ihn, obwohl er sich nicht erinnern kann, ihnen je begegnet zu sein, recht gut zu kennen scheinen. Sie nennen ihn, wie der Gnom auf dem Fahrrad, »Rednaxela« und geben ihm zu verstehen, er sei »viel früher dran als vorgesehen«; das alles in einer schrillen, für Walker undefinierbaren Sprache, die er zu seinem großen Erstaunen aber fließend beherrscht.

Auch Walker gehört nicht zu der seltenen Spezies Mensch, die fähig ist, allein von Luft und Liebe zu leben, und nimmt, in Begleitung von Maris, eine durchaus lukrative Einladung des Regisseurs Weber Gregston zu Dreharbeiten in Amerika an. Auf dem Flughafen erlebt er - ein weiteres Anzeichen, daß in der letzten Zeit nicht alles mit rechten Dingen zugeht - durch eine Art »zweites Gesicht« den tödlichen Unfall einer Frau auf einer Rolltreppe im voraus und kann ihn so verhindern.

Kaum im Land der unbegrenzten Möglichkeiten angekommen, bringt Maris Walker zu ihrem Bruder Ingram, der sich ihre Schilderung der seltsamen Ereignisse anhört und den skeptischen Walker an den *jet set*-Schamanen Venasque vermittelt.

Aber auch in Amerika setzen sich die Seltsamkeiten fort. Der über alle Maßen entzückte Weber Gregston versichert Maris, sie sehe aus wie ein Zwilling seiner einzig wahren, unerwiderten Liebe Cullen James, deren wilde Traumepisoden auch die Inspiration zum anstehenden Filmprojekt lieferten. Die bizarre Parallele zu ihrem Liebling Walker und Moritz Benedikt bleibt von Maris nicht unbemerkt. Als dann bei den Dreharbeiten am Meer ein leibhaftiger Seedrache erscheint, kann das den inzwischen in übernatürlichen Dingen recht abgebrühten Walker nicht weiter schocken, denn »irgendwo im Innersten wissen wir, daß es solche Wunder gibt.«

Hilfe bei der Aufklärung aller dieser rätselhaften Vorfälle erhofft er sich bei dem von Ingram empfohlenen Venasque. Der lebt, komplett mit Hund und Hängebauchschwein, praktisch vor dem Fernseher und erweckt nun nicht gerade den Eindruck eines asketischen Weisen. Er spricht von *Siddharta* und *Miami Vice* im gleichen Atemzug und zaubert schon auch mal eine Eidechse aus einer Vision seiner Kindheit herbei, um sie anschließend an sein - mäßig beeindrucktes - Hausschwein zu verfüttern. Er verspricht, Walker bei der Enträtselung seiner übernatürlichen Fähigkeiten zu helfen, scheint darüber auch mehr zu wissen, will dies seinem frustrierten Adepten aber noch nicht enthüllen, denn »Sie wissen alles über jeden. Der Spaß an der Sache besteht doch darin, daß man das Rätsel selber knackt.«

Nach Venasques Theorie wird eine Seele so oft wiedergeboren, bis sie mit sich und der Welt im reinen ist. Die Wiedergeburten müssen dabei keiner chronologischen Reihenfolge gehorchen und können, je nach »seelischer Notwendigkeit« in Gegenwart und Vergangenheit stattfinden; die Zukunft ist diesen astralen Abenteuern leider verschlossen, da die Menschheit die Erde in nicht allzu ferner Zeit in ein »Holzkohlebrikett« verwandeln werde. In den einzelnen Inkarnationen begegnet man auch »guten Bekannten«: »Man hat in jedem Leben immer wieder mit denselben Leuten zu tun. Man steht nur jedesmal in einer anderen Verbindung zu ihnen.«

Walker erlebt im folgenden Visionen aus vergangenen Leben: Ein schöner Gnom, der ihn »Sohn« nennt, stößt ihn - verständlicherweise mit Todesfolge - aus einem Fenster.

In einem anderen Leben hieß Walker Alexander Kroll, mit Spitznamen »Rednaxela«, lebte in Rußland und ging seiner Profession als eiskalter Frauenmörder nach. Beim Besuch des Grabes seines damaligen Vaters begegnete er einem Hund, der ihm - ganz entgegen gewöhnlicher Hundeart - die Frage »Heißt du vielleicht Rippenbiest oder Hammelswade oder Schnürbein?« stellte, ihn in den Arm biß und daraufhin von Walker/Alexander mit »Hallo, Papa« begrüßt wurde.

Eine weitere Existenz führte Walker als Moritz Benedikt im Dritten Reich. Beim Auftrag, jüdische Kinder aus einer Schule in Frankreich zu deportieren, geriet er an den Lehrer Venasque, der sich sein zukünftiges Schamanendasein damals noch nicht träumen ließ, in seiner großen Not aber seine verborgenen Kräfte entdeckte und die Kinder, indem er ihnen die Gabe des Fliegens verlieh, wortwörtlich dem Zugriff von Walker/Moritz und den restlichen Nazi-Schergen entzog.

Die trostloseste Version von »Walkers Inkarnations-Show« zeigt Walker in einem mittelalterlichen Szenario als den kleinen Sohn eines (ebenso kleinen) Händlers. Der tötet einen bettelnden Aussätzigen mit den mittlerweile ja schon sattsam bekannten übernatürlichen Kräften und den Worten »Wie gut, daß niemand weiß.« Aus dieser Vision erwacht Walker wieder einmal voller Fragen, nur um festzustellen, daß der Adressat derselben, *dolce vita*-Guru Venasque, wie vom Schlag getroffen neben ihm im Koma liegt.

Maris und Walker kehren nach Europa zurück und fassen noch im Flugzeug den Entschluß, zu heiraten. In Wien entdeckt Walker in seinem Badezimmer den mittlerweile verblichenen Venasque in Gestalt seines Lieblings, Connie dem Hängebauchschwein. Er schickt ihm herzliche Grüße aus dem Jenseits, erläutert Walker, daß dessen verborgene Kräfte der Grund für sein unzeitgemäßes Hinscheiden waren, klärt ihn darüber auf, daß Maris schwanger sei, und gibt ihm den guten Rat »Nehmen Sie sich ihre Träume vor«, da in ihnen der Schlüssel zu seiner Existenz liege. Je mehr er seinem eigenen Ursprung näherkomme, desto stärker würden auch Walkers zauberische Kräfte, die er von seinem Vater geerbt habe. Der sei unter ständig wechselnder Identität - man denke an das Spiel mit den Namen der Heiligen Drei Könige - schon seit vierhundert Jahren mit eifersüchtiger Haßliebe hinter Walker her.

Bestätigt wird Venasque durch die Nachforschungen, die Walker von einem Freund anstellen ließ. Der hat auch die noch lebende Frau von Moritz Benedikt, Elisabeth Gregorovius, ausfindig gemacht. Benedikt wurde seinerzeit nach der Geburt seines Sohnes von seinem auf das Baby eifersüchtigen Vater aus dem Fenster gestürzt mit der Begründung: »Er hätte es mehr geliebt als mich.«

Mit leicht gemischten Gefühlen sucht Walker nun seine »Witwe« auf, die ihm die Geschichte ihrer Ehe und den damit verbundenen tagtäglichen Kampf mit ihrem krankhaft eifersüchtigen Zwergen-Schwiegervater um die Zuneigung ihres Mannes schildert. Ihre Ehe fand ein jähes Ende, als Moritz von seinem Vater ermordet wurde. Auslösendes Moment der Tat war die Geburt des Sohnes, dem Walker jetzt - dreißig Jahre später - gegenübersteht. Lillis Gregorovius ist ein atemberaubend schöner Mann, leidet jedoch unter Autismus und besitzt den Verstand eines kleinen Kindes - ein dauerhaftes »Abschiedsgeschenk« von ihrem »übernatürlich talentierten« Schwiegervater und Erzfeind an Elisabeth.

Zu dem ungewohnten Besucher faßt Lillis eine spontane Zuneigung - durch die zwar verschlungenen, aber nichtsdestoweniger engen verwandtschaftlichen Bande der beiden nicht weiter verwunderlich. Nichts hört Lillis lieber als das Märchen vom »Rumpelstilzchen«, und er trägt Walker sogleich voller Inbrunst daraus vor.

Auch Walkers Traum in der darauffolgenden Nacht entführt ihn ins Märchenland: Er erlebt, wie ihn ein Mann, der sich als sein Vater bezeichnet, vom Hofe einer nicht näher bezeichneten Königin nach Wien bringt. Diese sei, so der gekränkte »Papa«, äußerst eigensüchtig gewesen und habe ihm nur Zuneigung vorgeheuchelt, um seine Gabe, Stroh in Gold zu verwandeln, nutzen zu können und so Königin zu werden. Ihren anbetungsvollen Verehrer habe sie - eiskaltes Weib, das sie sei - nicht einmal nach seinem Namen gefragt.

Daß der enttäuschte Kavalier ihr daraus einen tückischen verbalen Strick drehte, ist landauf, landab bekannt. Dabei hätte sie auch dann noch nur zu fragen brauchen! Auch der absolut lächerliche Name »Rumpelstilzchen« war natürlich meilenweit von der Lösung des Rätsels entfernt. Damit die Königin aber vor der Öffentlichkeit ihr Gesicht wahren konnte, verwandelte der - noch unbenannte - Gnom einen Frosch in ein Baby, das er der vermeintlich siegreichen Monarchin übergab, und nahm sich dafür deren Sohn, den die Geschichte träumenden Walker, als Ziehkind. »Vater« und »Sohn« zogen nach Wien, in das sie »immer wieder [...] zurückkehren« werden.

Walkers eigentümliches »Traumgesicht« wird durch einen Anruf in seiner ganzen Bizarrheit bestätigt: Rumpelstilzchen ist am Telefon! Der zornige Herr Papa klärt nun den inzwischen zum einunddreißigsten (!) Mal inkarnierten Sohnemann darüber auf, daß »wir viel mehr aneinander haben, als dir irgendein Weibsstück bieten kann« - in diesem Fall die schwangere Maris, die nun starke Blutungen bekommt. Würde Walker es nun endgültig lassen, den Frauen nachzusteigen und Rumpelstilzchen, dessen wahren Namen er erst noch erraten müsse, zurück ins Märchenland folgen, dürfen Maris und das Kind am Leben bleiben, andernfalls...

Walker spürt seine eigenen Zauberkräfte stetig steigen, dem zauberischen Zwerg ist er aber noch nicht gewachsen. Um besser über seinen »märchenhaften« Gegner informiert zu sein, beauftragt er wiederum seinen Freund, Nachforschungen über den Ursprung der Geschichte vom »Rumpelstilzchen« anzustellen: Die Gebrüder Grimm ließen sich ihre berühmten Märchen von Frauen unterschiedlichen Standes erzählen und »redigierten« sie nach eigenem Gusto und Moralbefinden. Die Urfassung des »Rumpelstilzchen« geht auf Dortchen und Lisette Wild, anno 1812, zurück.

Derweil übt Walker sich etwas in Zauberei: Seinem blinden Kater gibt er das Augenlicht zurück, einige Rowdys bekommen schmerzhaft seine magische Wehrhaftigkeit zu spüren, und Maris' Bruder Ingram, durch ein Erdbeben in Kalifornien seines Lebensgefährten Glenn beraubt, gibt er den intuitiven Tip, sich mit einem gewissen Michael Billa zu treffen, da sich beide ineinander verlieben würden - Name und Adresse des zukünftigen Liebhabers fallen dem kuppelnden Walker spontan ein.

Bei der Arbeit an Maris' Computer stößt Walker auf sein noch unfertiges Geburtstagsgeschenk, die LEGO-Version eines imaginären Wien, das er sogleich als die Stadt aus seinen Träumen erkennt: »Eine andere Stadt. Eine Stadt, die du vergessen hast« - von Maris intuitiv nachgebildet, denn »wenn man einen Menschen sehr liebt, weiß man Geheimnisse von ihm [...], die ihm nicht einmal selbst bewußt sind.« Als Geburtstagsgruß schrieb Maris »Ich atme dich« unter ihre Zeichnung.

Walker wird nun sehr aktiv. Er unternimmt eine Zugfahrt - ab nach Kassel - und kehrt mit zwei nur als »Sie« bezeichneten Gästen nach Wien zurück. Zur Feier im Familienkreise lädt er auch den Vati ein, der voller Hoffnung ist, daß der Sohn endlich zur Besinnung gekommen sei. Statt dessen bekommt er von den - dank seiner Zauberkräfte von Walker wiedererweckten - Schwestern Wild die wahre Geschichte von »Rumpelstilzchen« erzählt, der in Wirklichkeit »Atem« heißt. Atem ist »nur eine ihrer Kopfgeburten« und muß hilflos zuhören, wie die munteren alten Damen das Märchen nach Walkers Vorstellungen - »Rumpelstilzchen Teil 2: Der Adoptivsohn schlägt zurück«, Hollywood läßt grüßen - zu einem ganz neuen Ende weitererzählen: Der lieblose Gnom wird zu Glas und zerspringt, und Walker, der unfreiwillige Zauberlehrling, wird »nur mehr« ein Mensch.

Doch ganz nach dem Motto »Die Geister, die ich rief...« muß auch Walker erfahren: »Alles, was man tut, bereut man« - und eines Tages steht eine »süße kleine Dirne, die jedermann lieb hatte«, nämlich Rotkäppchen, vor der Tür und droht dem hilflosen Walker: »Du bist gemeingefährlich.« Der Roman endet mit den ohnmächtig wirkenden Worten »Unser Sohn...«

Das ganze Geschehen in *Sleeping in Flame* kreist um das »ewig junge« Thema der Liebe. Wäre Carroll ein seelensülzerischer Schriftsteller à la Barbara Cartland, so wäre daraus wohl eine einzige märchenhafte Huldigung an die hehren Tugenden des menschlichen Herzens geworden, die jeder noch so argen Unbill wacker trotzen. Carroll ist jedoch ein Autor, der das menschliche Wesen weit besser kennt, seine Tiefen auszuloten weiß und sich sehr gut auf die - im Gegensatz zu plumper Schwarz-Weiß-Malerei - weit häufigeren Grau- und Farbtöne im menschlichen Zusammensein versteht.

Walker sucht nach dem Scheitern seiner Ehe, an dem er durch Gedankenlosigkeit und Kaltschnäuzigkeit keinen geringen Anteil trägt, nach einem Menschen, der ihn einfach so liebt, wie er ist. In Maris findet er die ideale Gefährtin - um sie sofort mit eifersüchtigen Blicken gegen die Umwelt abzuschirmen. Auch in seinem glücklich verheirateten Freund Nicholas, der ihn überhaupt erst mit Maris bekannt gemacht hat, wittert er sofort einen potentiellen Rivalen: »Heute durfte es nur noch einen geben - mich.« Somit bildet auch Maris' seelisch leicht gestörter Ex-Liebhaber Luc kein reines Gegenbild zum (nicht vorhandenen) strahlenden Helden, und der nur allzu menschliche Walker muß sich vom Schamanen Venasque sagen lassen, seine Fähigkeit, ein Bild von Luc auf der Spitze balancieren zu können, beruhe darauf, daß Walker sich »ein Stück weit in der Aufnahme wiedergefunden« habe.

Noch schlimmer kommt es, wenn man Walkers verschiedene Inkarnationen durchleuchtet. Da stößt man auf einen brutalen Frauenmörder, dem seine Taten keineswegs seelisches Unbehagen bereiten, oder auf einen Opportunisten ersten Ranges, der brav seine Rolle als Rädchen in der Schreckensmaschinerie des Nazi-Regimes spielt. Walkers »seelisches Führungszeugnis« ist also wahrlich kein Ruhmesblatt. Und doch gelingt es ihm schließlich durch die Liebe zwischen ihm und Maris, die er akzeptiert »so wie sie war«, sich allmählich aus seinen emotionalen Niederungen zu bescheidener Größe aufzuschwingen.

Seinem Ziehvater gelingt das niemals. Als un-männlicher Gnom, dessen Märchenname »Rumpelstilzchen« schon auf deutsch-dreiste Weise mehr oder minder diskret auf die Geschlechtslosigkeit seines Trägers verweist, ist er der Meinung, wahre Liebe käme auch ohne Sex aus. Bereit, der zukünftigen Königin seine bedingungslose Liebe zu schenken, wird er bitter enttäuscht. Statt Worte wie »Weil ich dich liebe, möchte ich dir das geben. Es ist umsonst und kommt direkt von Herzen« ins zwergische Ohr geflüstert zu bekommen, erwartet ihn nur »Schacher«. Auch bei der grausamen Namenssuche wartet er noch immer auf ein Zeichen der Zuneigung, hofft, die Königin besäße soviel Vertrauen zu (und Interesse an) ihm, ihn einfach selbst nach seinem Namen zu fragen - vergebens.

Enttäuscht, aber nicht desillusioniert, macht er sich daran, seinem Ziehkind ein vorbildlicher liebender Vater zu sein. Das geht soweit gut, bis der nicht mehr ganz so kleine Junge seine Zuneigung auch außerhalb des kleinen Familienkreises zu suchen beginnt. Der einmal gekränkte Atem ist nicht mehr bereit, dem Objekt seiner Liebe eigene Entscheidungen zuzugestehen und verfolgt seinen Adoptivsohn mit strafender Hand nun quer durch die Ebenen der Existenz. Den »romantischen Trottel« hat die »böse Liebe: selbstsüchtig und besitzergreifend« überkommen, und das nimmt er zu seinem und vieler anderer Leute Unglück bis zu seinem bitteren Ende nicht mehr wahr: »Im Lauf der Zeit wurde es so schlimm mit ihm, daß er ganz vergaß, was Liebe ausmachte, und nur noch an sein eigenes Glück dachte.« Seine Lektion hat er nicht begriffen: »Es gibt nur zwei Dinge, auf die es im Leben wirklich ankommt: echte Liebe und mit sich selbst in Frieden zu leben.« Allerdings: »Für das eine, was Du bekommst, verlierst Du das andere.«

So wählt Carroll für die Liebe auch das Hamletsche Symbol der Flamme, die zehrt, die verbrennt, die uns nur allzu drastisch auf eine poetische Weise die banale Wahrheit vor Augen führt, daß man am Leben stirbt. Und doch entwertet dies nicht das eigene Dasein, denn »Die Welt ist ein Ort des Wunderbaren, und das größte Wunder ist man selbst«, einfach ausgedrückt: »Leben ist wichtiger als Sterben.«

Daß Leben und Sterben untrennbar miteinander verquickt sind und das Jenseitige durchaus einen starken Einfluß auf das so sehr mit sich selbst beschäftigte Diesseits haben kann, bemerken die Hauptdarsteller im nächsten Band des Zyklus äußerst schmerzhaft an Leib und Seele. Das 1989 entstandene *A Child Across the Sky*[7] präsentiert Weber Gregston, Hollywoods Regie-Wunderkind, als Erzähler makaber-transzendenter Geschehnisse.

Vom Erfolg und seinen unweigerlichen, sehr viel weniger angenehmen Begleiterscheinungen angeödet, versucht sich das in die Jahre gekommene *enfant terrible* unter Rückbesinnung auf das Wesentliche in einem asketischen Lebensstil. Der Essenz des Menschseins auf der Spur, hat Weber den Filmstudios den Rücken gekehrt und engagiert sich nun in einer Theatergruppe krebskranker Menschen. Halbwegs mit sich und der Welt im Frieden, ist die Nachricht vom Selbstmord seines jahrelangen Freundes und Kollegen Phil Strayhorn für ihn ein Schlag in die Magengrube.

Strayhorn hatte nach einer langen kreativen (und monetären) Durststrecke ebenfalls den Durchbruch geschafft und verbreitete als Regisseur und Hauptdarsteller der berühmt-berüchtigten *Mitternachts*-Horrorfilme Entsetzen und Entzücken unter dem geneigten Publikum. Schon in drei Filmen - der vierte wird bereits gedreht - metzelt sich der Überböse Bloodstone, eine Art Freddie Krüger für Fortgeschrittene, von einem ingeniös inszenierten Blutbad zum nächsten. Den Qualitätsanspruch des ersten Films hat Phil nicht halten können, seine eigentliche Botschaft wurde nicht gehört: »er machte diese Filme als einen [...] Weg, den Leuten zu zeigen, daß sie gefährlich und in Schwierigkeiten waren, daß sie lieber anfangen sollten, in sich hineinzuschauen, warum sie Filme wie *Mitternacht* mochten« - aber statt geistiger Einkehr provozierten die Filme nur dumpfe Gewalt. Versuche, sich in anderer Richtung zu etablieren, wurden vom blutdurstigen Publikum kaum registriert - der »heißgeliebte Massenmörder« Bloodstone wurde Strayhorns beruflicher und privater Horror. Die Liebesbeziehung zu seiner Freundin Sasha ging in die Brüche, und zum schauerlichen Finale bringt Strayhorn sich und seinen geliebten Promenadenpinscher ums madig gewordene Leben.

Finale? Weit gefehlt! Hier setzt die Geschichte erst richtig ein. Über die beidseitige platonische Freundin Cullen James - durch ihr kontrovers diskutiertes Buch *Bones of the Moon* (*Laute Träume*) inzwischen zu Bestsellerehren avanciert - läßt Phil seinem guten Freund Weber posthum mehrere Videokassetten mit der freundlichen Bitte um Kenntnisnahme zukommen. Und die haben es in sich! Frisch von der jenseitigen Leber weg setzt der Verblichene seinem geliebten Freund Weber in mehreren Heimfilm-Abenden auseinander, daß er durch seine Schauerfilme eine Art Quelle des Bösen angezapft habe: »Bloodstone war zu nah an einer bedeutenden Wahrheit.«. Insbesondere eine Szene des letzen Films sei schlechthin *böse* gewesen und habe die sprichwörtlichen schlafenden Hunde geweckt. Und damit das Böse nun nicht bald immer und überall ist, sei es an Weber, durch eine entsprechende Neuverfilmung besagter Szene die schwarzen Mächte zu bannen. Zur Versicherung, daß es sich hierbei nicht um die Ausgeburten eines übergeschnappten B-Movie-Regisseurs handelt, wird dem nervlich schon leicht angekratzten Weber der Tod seiner Mutter bei einem Flugzeugabsturz vor dreißig Jahren präsentiert - aus der Sicht der Hauptperson und in Farbe!

Mit einer ebenfalls von Strayhorn geschickten Kurzgeschichte, »Mr. Fiddlehead« betitelt, weiß Weber nichts Rechtes anzufangen. Darin geht es um einen imaginären Freund, den sich ein einsames Mädchen in ihrer Kindheit erträumte, und der zu Zeiten, in denen es ihr schlecht geht, Realität wird.

Treffen mit Freunden von Phil bescheren Weber weitere unangenehme Überraschungen. Phils Ex-Geliebte Sasha - zugleich auch eine »Ex« von Weber, der die beiden ihm teuren Freunde miteinander verkuppelte - hat ebenfalls ein Video erhalten. Die ihr darin verheißene nahe Zukunft ist alles andere als rosig: Sie landet als schwangere Krebspatientin im Krankenhaus. Als Mitglied von Webers

»Krebs-Theater« weiß Wyatt Leonard alias Fernsehclown Finky Linky, Star der von Kindern wie Erwachsenen innig geliebten gleichnamigen Show, über seine trüben Zukunftsaussichten schon längst Bescheid. Er und Sasha werden Webers Begleiter bei seinen Nachforschungen in Strayhorns mysteriöser Vergangenheit. Weber trifft dabei auf ein leicht unförmiges kleines Mädchen namens Pinsleepe. Nach eigenen Aussagen ist sie Phil Strayhorns leider etwas glückloser Schutzengel und geht auf mystische Weise mit dessen Freundin Sasha schwanger, die ihrerseits wiederum Pinsleepe in sich trägt - in ihren Worten: »Wir sind einander.«. Je nach Ausgang der Horror-Geschichte wird ein Kind geboren: Sashas steht für eine Eindämmung des Bösen, Pinsleepes für dessen Sieg. Hier klärt sich auch der Bezug zu der ominösen Kurzgeschichte, denn Strayhorns schwangerer Schutzengel ist ebenfalls ein imaginärer »Kindheitsfreund«, den sich der kleine Phil so sehnlich herbeiwünschte, daß er in Zeiten seelischer Not zur Realität wird. Und jetzt ist wirklich Not am Engel! Den bemerkenswerten »Umstand« kommentiert der quicktote/-lebendige Phil, der die Geschehnisse aus dem Jenseits mit größtem Interesse verfolgt, mit den Worten: »Wir schaffen unsere eigenen Schutzengel.«

Unter Pinsleepes Führung und mit Hilfe seiner Freunde macht Weber sich daran, die unheilvolle Szene aus dem letzten *Mitternachts*-Film neu zu drehen. Daß der untote Phil einmal behauptete, er habe die Szene zerstört beziehungsweise, sich selbst widersprechend, sie sei verlorengegangen, fällt im allgemeinen dies-/jenseitigen Durcheinander nicht weiter auf. Ein neuer Hauptdarsteller wird gefunden, und Weber verläßt für einige Zeit seine Theatergruppe, wohl wissend, daß er einige seiner Schützlinge nicht mehr lebend wiedersehen wird - doch die Rettung der Welt (und der neu erwachte Ehrgeiz) geht vor.

Heftige Diskussionen über die Ausdrucksformen von »Gut« und »Böse« begleiten die Materialauswahl, bei der dem idealistischen Regie-As Weber mehr und mehr auffällt, daß sein guter Freund ihn in nicht geringem Maße kreativ beklaut hat: »Kopiert zu werden ist eine große Schmeichelei. Aber nicht von einem Freund, der so erfüllt war von seiner eigenen Vision und selbst so viel Talent besaß [...].«

Ein blutiger Akzent wird durch den gewaltsamen Tod eines Strayhorn-Imitators gesetzt, der sich einen Spaß daraus machte, den Leuten zu erzählen, daß »sein« Tod nur ein Publicity-Gag gewesen sei. Laut Pinsleepe begingen Phils »frühere« Persönlichkeiten die ungute Tat, da dieser nur sein augenblickliches Selbst getötet habe, während die anderen nun, von der mentalen Leine gelassen, die Welt unsicher machen: »Der, der du jetzt bist, kontrolliert die Leute, die du warst.«

In intensiver Arbeit gelingt es Weber, Szenen aus eigenen Filmen sowie einige »Schnappschüsse« mit schon abgedrehtem Material der *Mitternachts*-Reihe zu kombinieren, so daß sich der gewünschte unheilbannende Effekt einstellt -

dummerweise hat er sich so darin verrannt, »große Kunst, ohne Rücksicht auf die Kosten« zu machen, daß seine eigenen moralischen Wertvorstellungen dabei - wie weiland beim guten Phil - über Bord gingen. So verwendete er - ganz der professionelle Regisseur - auch die Szene mit dem Flugzeugabsturz seiner Mutter und ein privates Video, das die Todesangst eines seiner krebskranken Freunde zeigt.

Das Ganze geschieht sehr zum Gefallen von Phil, der seinem lieben Freund in einer surrealistischen Schlußszene hämisch erklärt, er habe sich nur umgebracht, um Weber - auf Anraten seines durchtriebenen Schutzengels Pinsleepe - posthum sozusagen als »Ghostfilmer« benutzen zu können. Sein eigenes Talent habe zum Verfilmen einer wirklich bösen Szene nicht gereicht, daher das bizarre Komplott. Auf die entsetzte Frage von Weber: »Du meinst, wenn die Leute *Mitternacht tötet* sehen, werden sie das Böse lieben?«, antwortet der einstmals beste Freund: »Ja, wegen Deiner Kunst.«

Als »Trostpflaster« für Weber stellen ihm Phil und Pinsleepe das noch ungeborene Kind der mittlerweile vom Krebs geheilten Sasha als sein eigenes vor, das - unter Aufwendung von etwas jenseitiger Magie - einer kürzlichen Liebesnacht der beiden entstammt. Der strahlende Triumph des Guten, den der Nachwuchs eigentlich symbolisieren sollte, hat nicht stattgefunden.

Wer nach dieser Inhaltsbeschreibung kopfschüttelnd beschließt, sich *dieses* Buch ganz gewiß nicht zuzulegen, dem kann man es nicht verdenken. Daß das ganze, auf den ersten Blick etwas hanebüchene Garn um faustische Filmemacher, einen schwangeren Schutzengel und einen krebskranken Kinderclown nicht zum literarischen Bauchplatscher gerät, liegt am Talent des Autors, auch an sich abstruse Situationen überzeugend zu schildern und an der gekonnten Umsetzung des Romanthemas, der Dualität von »Gut« und »Böse«, die Carroll in dieser schrägen Geschichte aus extremen Blickwinkeln beleuchtet.

Phil Strayhorn ist ein Mensch, den das Leben zunächst nicht sonderlich verwöhnt hat. Obwohl liebenswert, begabt und engagiert, gelingt es ihm weder beruflich noch privat zu »landen«. Cullen beschreibt ihn als einen »traurigen Mann. Er machte alles schnell und gut, [...] aber dann bist Du immer enttäuscht, daß Dir niemand folgen kann.« Seine Aufgeschlossenheit gegenüber allem und jedermann beschert ihm einiges an Erfahrung, »aber das hält dein Herz nicht voll.« Erst seine Bloodstone-Filme bringen ihm den langersehnten Erfolg, der aber bald schal wird: »Das einzige, was ich fand, indem ich *Mitternacht* machte, waren Geld und Ruhm aus den falschen Gründen.« Phil »wollte geliebt werden für das, was er war und nicht dafür, was er geworden war.« Ein Kurs in Selbsterkennung bei dem schon aus *Sleeping in Flame* bekannten Schamanen Venasque bringt ihm zwar Einsicht ins eigene Ich und die Vorhersage seines späteren Ruhms, wird aber auch zum Anstoß für die folgenden Ereignisse.

Phil und Weber sind Filmemacher mit Leib und Seele, und nicht immer sind die Grenzen zwischen Kino und Realität klar. Ob Weber nun »eine gute Szene« in seinem eigenen Leben entdeckt, oder der erstaunte Phil bei einem Erdbeben ausruft: »Das ist kein Film«, immer wirkt sich die »Kunst« auf das Leben aus und umgekehrt. Gregstons besondere Begabung als Regisseur besteht darin, aus scheinbar Unzusammenhängendem ein neues Ganzes zu schaffen. Diese Sicht für aussagekräftige Details erhebt er nach dem Vorbild antiker Eingeweidebeschauer, die ebenfalls durch Betrachtung von scheinbarem Chaos die Zukunft zu deuten versuchten, zur Lebensphilosophie. Weber ist sich zwar sicher: »Das Wunderbare ist [...] irgendwo im richtigen Leben, nicht in der Phantasie oder Kunst. Du magst es vielleicht dadurch erreichen, aber es ist jenseits der Brücke«, aber letztendlich verfällt auch er der Versuchung, das Mittel zum Zweck zu machen.

Wie ein kleines Kind, das verbotene Süßigkeiten in sich hineinschlingt, beginnt Strayhorn, sich das Böse einzuverleiben. »Die Disziplin, die vielleicht dein Leben rettet«, hat er von Venasque nicht gelernt. Für ihn steht fest: »Ich will immer mehr. Vielleicht besteht das Leben nur aus Gier.« »Die klarste, gesündeste Gier« dagegen zeigt der krebskranke Wyatt, »die Gier, die nach einem weiteren Tag Leben verlangt.« Aber auch im Jenseits, das nun keineswegs ein Elysium des Guten ist, besteht die »ungesunde« Gier weiter. »Mächte, die zu verstehen wir vorgeben«, bestimmen, frei nach W. H. Auden, unsere Existenz Hier und Dort. Lug und Trug sind auch im Nachleben erlaubt, und bis zu Gott, der nur durch Aufrichtigkeit zu erreichen ist, ist es aus diesem Gespinst von Gut und Böse heraus noch ein weiter Weg.

Den Treuebruch von Phil spiegelt eine Parabel aus der *Finky Linky Show* wider: Zwei Freunde, eine Schildkröte und ein Skorpion müssen einen Fluß überqueren. Die Schildkröte läßt den Skorpion dazu auf ihrem Rücken reiten. Kaum am jenseitigen Ufer angekommen, sticht der Skorpion den Freund. Auf dessen entsetzte Frage nach dem Warum antwortet er traurig: »Was soll ich tun? Ich bin ein Skorpion.« Den Hang zum Bösen aber nur mit der eigenen Natur zu entschuldigen, ist allzu bequem. Phils »himmlische Vertretung« Pinsleepe entkräftet dieses Argument selbst: »Er war verantwortlich für das, was er tat. Immer« - mit Blick auf die späteren Geschehnisse freilich eine Aussage mit doppeltem moralischem Boden. »Gut« und »Böse« sind auch hier miteinander verquickt.

Dabei bestehen durchaus Meinungsverschiedenheiten, wie das Böse denn nun zu definieren sei. Für Weber ist es »Schmerz oder Tod derer, die wir lieben«, zum Beispiel in Form von Krebs. Eine andere überzeugende Interpretation: »Es ist keine bestimmte *Sache*. Es ist alles, ins Schlechte verkehrt.« Und nur allzu oft wird übersehen, daß »wichtig und interessant nicht ist, was das Böse ist, sondern wie wir damit umgehen.« Es gibt dabei keineswegs eine strikte Einteilung in »gute« und »böse« Charaktere. Beides ist im Menschen gemischt, ist zu unterschiedlichen Zeiten verschieden gewichtet und muß in der Balance gehalten werden. Auch Cullens Kommentar zum Geschehen hat diesen Tenor: »Engel und Teufel [...], du erkennst sie auch. Nicht als sie selbst, sondern als Teil von dir.« »Wenn wir all die Kinder, die wir waren, über den Himmel breiten könnten, würden wir uns ein ganzes Stück besser kennen«, erklärt Pinsleepe einmal Weber - wieder eine Aufforderung zur Beschau des eigenen Ichs. In jedem Erwachsenen steckt ein Kind und umgekehrt, sachte symbolisiert durch Sasha und Pinsleepe - beide wie eine Möbius-Abart von Babuschka-Puppen ineinander verschachtelt, oder auch auf groteske Weise veranschaulicht durch die Reaktionen der Erwachsenenwelt auf den allseits beliebten Fernsehclown Finky Linky. Da bittet ein begeisterter Polizist den TV-VIP um ein Autogramm, während das Blut auf der danebenliegenden Leiche kaum trocken ist, da bilden beim Besuch eines Filmstudios »Schauspieler mit geschmolzenen Augäpfeln, die wie Lava an ihren Gesichtern herunterrannen oder mit Äxten, die in ihren Rücken vergraben waren« eine Traube um den Spaßmacher - im Gehabe momentan von Kindern kaum zu unterscheiden.

Überhaupt spielen Kinder und die Aufarbeitung der eigenen Kindheit wieder einmal eine zentrale Rolle in diesem Roman. Die Welt, durch kindliche Augen gesehen, ist eine andere als die, die ein Erwachsener wahrnimmt: »Das Wunderbare gehört den Kindern [...], es ist, mehr als das wirkliche Leben, ihre Heimat.«

Engel erscheinen nicht in Gestalt balsamisch-abgeklärter Lichtgestalten, sondern als verschlagene kleine Gören, die in kindlicher Prahlerei mit Kunststücken auf ihren BMX-Rädern zu beeindrucken suchen. Dem in sich ruhenden Wesen eines Engels, wie man sich ihn im allgemeinen vorstellt, kommt am ehesten der mongoloide Junge Walter nahe. Dem Heiligen in einem barocken Himmelfahrtsgemälde gleich steigt er vor den Augen des verblüfften Weber in die Lüfte auf, ist sich selbst sein eigenes »Kind am Himmel.« Mit größeren Geistesgaben Gesegnete haben dagegen mit ihren vielen verschiedenen, oftmals widersprüchlichen Identitäten zu kämpfen, sind von einer geistigen und seelischen Balance weiter entfernt - und somit auch anfälliger für die Verlockungen des Bösen.

Wie Kinder im Spiel »laufen wir dem Bösen nach, bis es uns fängt.« Wie ein Kind treibt Weber das Spiel, die Welt in ihren isolierten Erscheinungsformen zu verstehen, zu weit und zerbricht Dinge, die nicht gespalten werden dürfen. Und wie Kinder werden wir schreien, wenn wir die Welt um uns - im Kleinen wie im Großen - in ihre Einzelteile zerlegt haben, wenn das Böse sich plötzlich umdreht und ruft: »*Hab' ich dich!*«

Ein weiteres Glied im Zyklus ist die 1990 entstandene Novelle *Black Cocktail*.[8] Ingram, der Bruder der aus *Sleeping in Flame* bekannten Maris York, schlüpft aus der Rolle des Nebendarstellers in die des Erzählers und berichtet von Geschehnissen, die sein Weltbild auf geradezu brutale Weise transformieren. Ingram arbeitet als Radiomoderator in Los Angeles. Durch den Tod seines Lebensgefährten Glenn stürzt er in eine depressive Phase und hegt Selbstmordgedanken. Eine »Intuition« seines Schwagers Walker, der als Rumpelstilzchens Adoptivsohn über allerlei Kräfte verfügt, beschert ihm die Bekanntschaft mit Michael Billa, mit dem er sich auf Anhieb gut versteht. Michael ist zwar kein Ersatz für Glenn, erweist sich aber als guter Kamerad: »Ich würde Michael Billa niemals lieben, aber ich liebte schon eine ganze Anzahl von Dingen an ihm.« Michaels Lieblingsbeschäftigung ist »[...] reden. Er hatte keine anderen Hobbies.« So ist es etwas verwunderlich, daß sich Michael, immer für eine verrückte Geschichte gut, um Fragen nach seinem alten Schulkameraden Clinton Deix, den er seinerzeit, vor zwanzig Jahren, offensichtlich sehr bewunderte, immer herumdrückt. Ingram ist verständlicherweise verwirrt, als ein fünfzehnjähriger Junge auftaucht, der behauptet, er sei Michaels alter Kumpel Clinton. Bald darauf werden die Reifen von Ingrams Auto zerschlitzt und die Wände seiner Wohnung mit Exkrementen beschmiert. Der keineswegs begeisterte Ingram hat Clinton in Verdacht und befragt nun Michael gezielt nach seiner Jugend mit ihm.

Michael war ein introvertierter fetter Junge und als »Omega-Tier« immer dem Spott der anderen, vor allem des sadistischen Klassenschönlings Anthony Farelli, ausgesetzt. Das änderte sich, als Clinton, der sich damals »Der Prinz der Finger und Zehen« nannte, an die Schule kam und Michael unter seine Fittiche nahm. In Michaels Worten: »[...] er rettete meine Kindheit.« Anthony sah die Freundschaft der beiden mit neidischen Augen und wirkte dabei »[...] hilflos, bitter und traurig.« Als Anthony eines Tages Ingram ernsthaft verletzte, jagte ihn der zornentbrannte Clinton aus dem Schulhaus, erschoß ihn und verschwand.

Dieselbe Geschichte wird Ingram wenig später von Clinton erzählt - allerdings mit einem sehr bizarren Dreh: Laut Clinton gibt es im Leben eines jeden Menschen eine Zeit, in der er mit sich selbst absolut im Einklang ist: »[...] jeder hat diese besondere Zeit in seinem Leben, wenn du am allermeisten du selbst bist.« Als Zeichen dafür findet man dann eine Muschel in seiner Hosentasche. Auf diesen Zeitpunkt wartet Michael, um den Betreffenden dann in diesem Moment höchster Lebensintensität »einzufrieren«. Da immer nur ein »Eingefrorener« von Michael benötigt wird, gibt er dem letzten den inneren Zwang mit, seinen Vorgänger zu töten. So erging es Clinton, der auf seiner Flucht vor der Polizei auf einen von Michaels Grundschullehrern traf, der von diesem »eingefroren« worden war. Verständlicherweise hat Clinton nun wenig Lust, der nächste zu sein, wenn Michael seine Künste an Ingram ausprobiert.

Aus zunächst nicht geklärten Gründen bringt Clinton Ingram zu dessen früherer Freundin Blair, die mit ihrem Leben als Luxushausfrau nicht zufrieden ist. In Ingram sieht sie jemanden, der sein Leben gemeistert hat: »Du siehst wunderbar aus. So wenige Leute, die ich keine, mögen ihr Leben.«

Der immer noch ungläubige Ingram findet bei seiner Heimkehr die ganze Wohnung mit Muscheln aller Art dekoriert. Völlig aus der Bahn wirft ihn aber die Bemerkung eines Kollegen, er habe Michael und Clinton quietschvergnügt in einem Restaurant zusammen gesehen. Genervt fragt er sich, warum er wohl Opfer dieses offensichtlichen Komplotts geworden ist: »[...] der Tod ist unausweichlich, Schmerz und Grausamkeit sind es nicht.« Endgültig platzt ihm aber der Kragen, als jemand in seine Wohnung einbricht und als »Mitbringsel« Stücke rohen Fleisches hinterläßt. Bei der Verfolgung des Einbrechers trifft er Clinton und Michael, die dem *meat man* ebenfalls auf den Fersen sind. Der Verfolgte entkommt, und Ingram fordert von den beiden Freunden eine Erklärung für die ganzen seltsamen Vorfälle - woraufhin die Geschichte noch ein bißchen bizarrer wird.

Gott habe, so Clinton und Michael, alles in fünfteiliger Symmetrie erschaffen, auch die Seelen der Menschen: »Eine vollständige Seele wird von Gott in fünf Teile geteilt.« Sie liefern auch gleich die Erklärung, warum die Menschen selten mit ihrem Leben zufrieden sind: »Warum fühlt sich die Mehrheit nicht vollständig?«: »[...] eine Hand ohne alle ihre Finger ist unvollständig.« So fühlt sich jeder, der nicht vier weitere zu ihm passende Teile einer Seele findet, permanent unzufrieden. Den *clue* zum ganzen Geheimnis haben wir tagtäglich vor der Nase: »[...] deshalb gab uns Gott so viele Finger und Zehen. Er wollte, daß wir sie hundert Mal am Tag sehen, und uns daran erinnern.« Jeder, der dieses Prinzip zu verstehen beginne, »friere« zu diesem Zeitpunkt ein. Haben sich erst einmal zwei Menschen vom gleichen »Seelentyp« bewußt gefunden, können sie aktiv zur Verschmelzung der Gesamtseele beitragen.

Um den immer noch ungläubigen Ingram zu überzeugen, führen ihn die beiden anderen in ein Eiscafé, das von fünf Frauen unterschiedlichen Alters betrieben wird, die sich zu einer Seele zusammengefunden haben und durch ihre »himmlisch blaue« Aura ein Glücksgefühl ausstrahlen, das auch die Menschen in ihrer Umgebung verspüren können. Dies versuchen nun auch Michael und Clinton zu erreichen, die neben Ingram auch schon zwei weitere Kandidaten zur Schaffung ihrer *anima* im Auge haben: Ingrams Ex-Freundin Blair und den *meat man*, der sich als eine Schulkameradin von Clinton und Michael, Eddie, entpuppt. Sie haßt die anderen dafür, daß sie durch sie daran erinnert wird, als Mensch nicht für sich selbst komplett zu sein. Tragischerweise erkennen die Männer sozusagen posthum auch in Michaels Quälgeist Anthony Farelli einen Seelenverwandten, der sich instinktiv gegen eine Verschmelzung wehrte. Eddie setzt allerdings einen vorläufigen Schlußpunkt hinter ihre Bemühungen, indem sie Blairs Haus in die Luft jagt.

Zwei Jahre später jedoch ist das Unterfangen gelungen: Blair ist wiederhergestellt, die widerspenstige Eddie dem Quartett ins Netz gegangen. Die frühere pubertäre Drohung Clintons gegenüber Anthony, »ich werde dich wie einen Cocktail trinken«, hat sich auf andere Weise bewahrheitet - allerdings auf eine, die keinem der Beteiligten gefällt, denn ihre Seele stellt sich, dem Titel der Novelle gemäß, ganz und gar nicht als glückverstrahlendes Himmelblau heraus.

In *Black Cocktail* behandelt Carroll einmal mehr seine Lieblingsthemen: die Kindheit und ihren Einfluß auf das gesamte Leben sowie die Persönlichkeitsfindung. Ingram sieht nach dem Tod von Glenn sein Leben in Raten dahinschwinden. Dies deckt sich mit einem später von Michael geäußerten Gedanken, nach dem jeden Tag in einem Menschen ein kleiner Teil seiner selbst abstirbt: »Kleine Tode. Tode, die wir uns leisten können, weil wir noch soviel anderes haben, das in uns weiterlebt.« Im Laufe der Zeit geht der einzelne Kompromisse ein und trifft Entscheidungen, die sein Leben mehr und mehr von dem entfernen, was er sich als Jugendlicher erträumt hat. Dies wird Ingram am Beispiel der in einem goldenen Käfig aus Besitz und Status gefangenen Blair drastisch vor Augen geführt.

Ganz anders erscheint da der unverwüstliche Michael. Aus den Schrecken der Kindheit heraus gelingt es ihm, sich zu einem lebensfrohen, gerngesehenen Menschen zu entwickeln, von dem Ingram sagt: »Er war einer der wenigen Erwachsenen, die ich kannte, die wirklich zufrieden mit ihrem Leben waren.« Er gibt Ingram nach dem Tod seines Freundes die Freude am Leben wieder zurück, was auch die mit ihrem Leben völlig unzufriedene Blair sofort erkennt.

Leider erweist sich aber Michaels Ausspruch, »[...] mein größtes Talent ist es, Leute anzuziehen, die zuerst großartig wirken, am Ende aber nur Verwüstung anrichten«, als nur allzu prophetisch. Die Suche nach der eigenen »Farbe«, die so verlockende Idee einer »Seelengemeinschaft«, aufs Beste verdeutlicht durch die geradezu unverschämt glücklichen Besitzerinnen des Eiscafés, erweist sich nicht als heilsbringendes Lebensschmerz-Antiseptikum, sondern als rabenschwarzes Ende einer von Gott vorprogrammierten Sackgasse: »Jeder will in den Himmel kommen [...]. Aber [...] es gibt eine Menge unter uns, die, wenn sie ihre Farbe finden, in ihr verbannt statt willkommen sind.« Einen schwachen Trost bietet da vielleicht ein für die Novelle programmatisches Zitat von Mark Twain: »[...] eher in die Hölle statt in den Himmel zu wollen, weil dort die ganzen interessanten Leute sind« - und wer schreibt oder liest schon gerne über glückselige, langweilige Menschen?

Faszinosum und Manko des Textes zugleich ist die Idee der fünfteiligen Seele, die viel zu vieler oftmals intuitiver (bösartiger ausgedrückt: an den Haaren herbeigezogener) Erklärungen durch die Protagonisten bedarf. Auch ist nicht einsichtig, warum der Autor die Novelle, trotz einiger Unstimmigkeiten - Asimov bewahre! - unbedingt mit seinen anderen Werken in Zusammenhang bringen mußte. Die Voraussage des sonst so treffsicheren Walker, Ingram und Michael würden sich ineinander verlieben, kann sich aus konzeptionellen Gründen nicht erfüllen, sondern dient nur als Überleitung, und der Text hängt mit seiner etwas hausbackenen Metaphysik wie ein fünfdimensionaler Blinddarm am Carrollschen Kosmos.

Und also geschah es im Jahre des Herrn Neunzehnhundertundeinundneunzig, daß Jonathan aus dem Stamme Carroll ein Werk vollendete, das da *Outside the Dog Museum*[9] heißt und das ein biblischer Odem durchweht.

Nach mehreren Mitgliedern der schreibenden Zunft und der Unterhaltungsbranche steht mit dem Amerikaner Harry Radcliffe nun ein Architekt im Zentrum des Geschehens. Berühmt, berüchtigt und umschwärmt ist dieser kein Freund von Tiefstapelei und meint - mit Blick auf die eigene (*Very Important*) Person: »Genies ist alles erlaubt.« Zwischenmenschliche Kontakte neigen bei ihm zu einem etwas einseitigen Verlauf: »Ich erwarte von anderen, nett zu mir zu sein, aber verspüre kein Bedürfnis, den Gefallen zu erwidern.« Auch in puncto Weiblichkeit holt sich der Egomane das Beste aus beiden Welten: Nach zwei gescheiterten Ehen decken nun die ätherische, hingebungsvolle Claire und Fanny, mit beiden Beinen fest auf der Erde stehend, seine Bedürfnisse in dieser Hinsicht ab.

Streß und Erfolgszwang bleiben auf die Dauer nicht ohne Folgen, der daraus resultiernde »Knacks« in seiner geistigen Gesundheit wird allerdings vom *high society*-Schamanen Venasque bald wieder behoben. Allein, nach seinen »Ferien vom Ich« kann sich der gute Harry nicht mehr so recht für die routinemäßig anstehenden Projekte erwärmen und überläßt die Arbeit lieber seinen Angestellten.

Als »berühmter Mann, der nichts zu tun hat« reizt ihn schließlich ein Angebot des Sultans von Saru, eines Ministaats am Persischen Golf. Seine Hoheit hat es sich in den erhabenen Kopf gesetzt, ein Museum für Hunde zu erbauen. Die Vierbeiner sind für einen Moslem zwar *haram*, also verboten, dem Sultan wurde jedoch schon dreimal von einem Hund die königliche Haut gerettet - und der auf seine Weise »erhabene« Harry scheint ihm für das schwierige Projekt der richtige Mann zu sein. Bei einem Vorgespräch kommen Harry, seine Freundin Fanny und der Sultan durch ein Erdbeben fast ums Leben (weniger glücklich war hier Ingram Yorks Freund Glenn aus *Black Cocktail*, der dabei wirklich den Tod fand). Dank des wundersamen Einsatzes von Venasques Bullterrier Big Top und eines Zauberworts des Monarchen (das verdächtige Ähnlichkeit zu Cullen James' Zauberwort Koukounaria aus *Bones of the Moon* aufweist) gelingt dem Trio die Flucht aus dem Inferno. Ganz ohne Schaden kommt Harrys Umfeld allerdings nicht davon: Freundin Nr. 2, Claire, verliert eine Hand, und der Radcliffesche Wohnsitz wird dem Erdboden gleichgemacht.

Von den menschlichen Qualitäten des Sultans beeindruckt, verschreibt sich Harry nun voll und ganz dem bizarren Projekt. Auf einer Flugreise nach Saru wird ein Zwischenstop in Wien eingelegt. Und wieder wird ein Faden aus einer früheren Geschichte aufgenommen, denn in der Stadt des berühmten »Schmähs« trifft man sich mit Familie Easterling. (Finky Linky, der Fernsehclown für Kinder und Intellektuelle aus *A Child Across the Sky* hat im vorliegenden Buch ebenfalls einen Auftritt). Sohn Nicholas Easterling gibt sich dabei als Reinkarnation des mittlerweile ums Leben gekommenen Venasque zu erkennen.

Weitere schicksalsträchtige Begegnungen stehen an: Harry trifft Hassan, Sohn des Sultans und Thronfolger von Saru. Der beiderseitigen Abneigung ist die Tatsache, daß Fanny sich seit einiger Zeit auch im prinzlichen Bett vergnügt, nicht gerade zuträglich. Wäre nicht Big Top, nach dem Glauben Hassans der Schutzgeist oder *verz* von Harry, müßte sich dieser wohl bald - mit entsprechender Hilfe - von der hiesigen Welt verabschieden. Sehr viel erfreulicher verläuft die Zufallsbekanntschaft mit Morton Palm, einem Ex-Berufssoldaten, der jetzt mit der Fabrikation von Türen und Leitern seinen Lebensunterhalt verdient. In ihm findet Harry den langersehnten Freund und Kumpel.

In diese im allgemeinen recht angenehme Zeit platzt die Nachricht vom Tode des Sultans, der bei einem Attentat seines fanatischen Bruders Cthulu getötet wurde. Der Bau des Hundemuseums soll unter der Ägide Hassans aber weitergeführt werden. Einen entsprechenden Plan hat Mr. Radcliffe schon im Kopf: Beim Duschen erschien ihm die Vision einer »verschwenderischen, exzentrischen Kathedrale für eine stahl-kalte Gottheit«, ein geniales Bauwerk, das Harry als den »Mann, der das Hundemuseum erbaute« unsterblich machen soll.

Saru erweist sich allerdings (wortwörtlich) als zu explosives Pflaster für das ketzerische Bauwerk. Bei einer Ortsbegehung wird Harry nur durch das Eingreifen von Big Top vor einem vorzeitigen Ableben bewahrt - der rettende Hunde-Engel beißt dabei allerdings in den Wüstensand. Neuer Standort des Museums soll nun Österreich sein, sinnigerweise am Hundsstein bei Zell am See.

Als Bezahlung für seine Arbeit bietet Hassan dem verblüfften Architekten - stilecht wie aus *Tausendundeiner Nacht* - die magische Erfüllung eines Wunsches an. Von den entsprechenden Kräften kann sich Harry überzeugen, als der Zauberprinz sein heißgeliebtes Lada-Mobil auf Konfektgröße schrumpfen läßt und anschließend auch wie ein Praliné verspeist. Harry wünscht für Claire eine neue Hand - und wird später zum Erfüller des eigenen Wunsches, als er Claire das Geld für eine neuartige Handprothese vorstreckt.

Auf dem Flug zurück nach Österreich leidet Mr. Super-Architekt unter der penetranten Gesellschaft eines gewissen Herrn Hasenhüttl, der sich schließlich als »andere Seite des Wunsches«, als Harrys ganz privater übernatürlicher »Aufseher« zu erkennen gibt. Noch esoterischer wird es Harry zumute, als er in Wien bei einem erneuten Besuch bei den Easterlings erkennen muß, daß die vor drei Tagen noch gertenschlanke Maris nun - mit ihrem *ersten* Kind - hochschwanger ist. Der aufgeweckte Sohnemann, mit dem der Harry so anregend plauschte, erweist sich als Vision von Venasque in seiner zukünftigen Gestalt als reinkarnierter Knabe.

Im idyllischen Zell am See beginnen indessen die Bauarbeiten. Arbeiter aus drei Nationen - Amerika, Österreich und Saru - bauen am »Hundeturm«. Nicht von ungefähr kommen Parallelen zum Turmbau zu Babel auf, allerdings unter umgekehrten Vorzeichen. Rackerten sich in der Bibelgeschichte die Menschen in bester Harmonie an ihrem hybriden Bauwerk ab, funkt es zwischen den gemischt-kulturellen Arbeitern am modernen Gegenstück gewaltig. Auftretende Schwierigkeiten weichen jedoch allmählich gegenseitigem Verständnis, und als Harry, hochzufrieden mit den Fortschritten am Bau, auf einmal alle um ihn herum gesprochenen Sprachen versteht, beginnt es ihm zu dämmern: Sein »Hundemuseum« *ist* der Neubau des Turmes zu Babel. Sein Schutzengel Hasenhüttl und auch Morton Palm, der - ungeahnte Tiefen aufweisend - anscheinend einen heißen Draht zu himmlischen Sphären besitzt, bestätigen ihm dies.

Mit einem Verständnis für sämtliche Sprachen der Welt - auch die der Tiere, Pflanzen und »unbelebten« Dinge - ausgestattet, wußten die Menschen nichts Besseres damit anzufangen, als ein Werk zu beginnen, das Gott in seiner Allmacht angriff - mit bekanntem Ergebnis. Nach Art eines liebenden Vaters ist Gott aber immer wieder bereit gewesen, die Menschen einen neuen Versuch unternehmen zu lassen, vorausgesetzt, die Intention dahinter war nicht eigennützig. Beinahe geglückte Beispiele dafür sind die Pyramiden, die Kathedrale zu Chartres und in neuerer Zeit die Hongkong Bank - pikanterweise eigentlich eher als »Tempel des Mammon« denn als Weihestätte des biblischen Gottes gedacht. Gegenwärtiger Kandidat ist nun das »Hundemuseum« unter der Leitung von Harry Radcliffe, der als Ur-Ur-Ur-...-Nachkomme des damaligen babylonischen Herrschers Nimrod und mit »der richtigen Mischung aus Glauben, Talent und Arroganz« ausgestattet, dafür besonders geeignet erschien.

Die folgenden Ereignisse bereiten dem Architekten aber kräftige Bauchschmerzen. Fanny, inzwischen zur »*sultanesse in spe*« avanciert, hat sich von Harry getrennt, kann es in einem letzten boshaften »Racheakt« aber nicht lassen, ihrer ehemaligen Konkurrentin Claire die vergangenen Gemeinheiten und Gedankenlosigkeiten von Harry haarklein darzulegen. Claire liebt Harry nach wie vor, nimmt sich aber Bedenkzeit, bevor sie sich für oder gegen ein weiteres Zusammenleben mit ihm entschließt. Auch Hasenhüttl, Harrys Quälgeist und Schutzengel, verläßt ihn, um in seiner »himmlischen« Karriere auf eine »höhere Ebene« überzuwechseln, da er auf dieser von Harry nicht mehr gebraucht werde.

Der hat allerdings einen Schutzengel bitter nötig: Beim Richtfest des Museums schwappt der in Saru tobende Bürgerkrieg auch ins gemütliche Österreich über. Cthulus Schergen verüben einen Anschlag auf die anwesende Prominenz - Harry, Hassan und Fanny - und jagen den hoffnungsvollen Museumsbau in die frische Alpenluft. Harry indes hat in den letzten Monaten einen langsamen

Persönlichkeitswandel vollzogen. Als Not am Mann ist, stürzt er nicht davon, um sein Gebäude, sondern um Fanny und Hassan zu retten, die ihm nun nicht gerade üppigen Grund dafür geliefert hätten. Durch diese Tat qualifiziert er sich für einen erneuten Versuch des Turmbaus. Durch seinen Mittelsmann Morton stellt ihm Gott diese Wahlmöglichkeit zur Verfügung.

Als »neuer« Mensch, voller - spiritueller, privater wie beruflicher - Möglichkeiten, aber auch Unsicherheiten, muß sich Harry entscheiden, welchen Kurs er zukünftig einschlagen wird. Nichts ist dabei festgelegt: »Es gibt keine Garantien. Es gibt nur die Süße der Arbeit und die unsterbliche Hoffnung auf Vollendung.«

Vordergründig dreht sich in *Outside the Dog Museum* alles um Architektur. Nach einem kurzen Blick hinter die Fassade wird aber klar, daß Häuser und Baukunst Metaphern für die menschliche Seele und das Verhältnis des Menschen zu Gott sind (sofern der eine an die Existenz des anderen glaubt). Erzählerischer Witz und mannigfach ineinander verschachtelte Geschichten sorgen aber dafür, daß aus dem Roman kein Potemkinsches Dorf wird, das nur als Ideen-Vehikel dient, sondern ein gehaltvolles Lesevergnügen.

In einer von Venasque inszenierten Traumsequenz wird Harry die Idee eines »Lebenshauses« vorgestellt, das in seinen verschiedenen Räumen die einzelnen Stationen des eigenen Daseins widerspiegelt: »Jeder hat ein Haus in sich [...]. Du mußt es auseinandernehmen und jeden Teil verstehen.« Viel Zeit zur Seelenbeschau hatte sich der gute Harry allerdings nie genommen. Erst nach seinem kurzen Trip in »andere Gefilde« gelingt ihm das. Sein unverständliches Verhalten war dabei kein »Überschnappen« im gewöhnlichen Sinne, vielmehr drängte die andere, unterdrückte Seite von Radcliffes Persönlichkeit ans geistige Ruder. Hassan erklärt es Harry später einmal so: »Es gibt zwei Menschen in uns, auch wenn sie sich nicht der Tatsache bewußt sind, daß sie den gleichen Raum einnehmen [...]. Der Punkt ist, die beiden »Seiten« deines Kopfes [...] erkennen zu lassen, daß sie [...] viel effektiver wären, wenn sie zusammenarbeiten würden.« Schamane Venasque umschreibt dies viel prosaischer: »Du mußtest verrückt werden« und gibt Harry eine »vollere, ausbalanciertere Sicht« der Dinge. Er startet damit einen Prozeß, der aus dem Architekten-Anus einen direkt liebenswerten Mann werden läßt, der sich nach und nach immer mehr Gedanken um seine Mitmenschen macht.

Bauwerke symbolisieren auch die Beziehung des Menschen zu Gott. Für Harry hatte sein persönlicher Glaube anfangs ganz konkrete Formen: »Ich dachte früher, ein großartiges Gebäude wäre Gott«, muß sich dazu von Venasque allerdings sagen lassen: »Gebäude hören irgendwo auf. Gott hört nicht auf. Noch tun dies Menschen, wenn ihnen die richtige Richtung gewiesen wird.« Die Richtung ist in diesem Falle aufwärts; frei nach dem Motto »Zur Sonne, Genossen!« bastelt Harry an der eigenen Unsterblichkeit in Form eines himmelstürmenden Gebäudes und bemerkt erst nach und nach, daß in diesem Projekt noch eine zweite, metaphorische wie religiöse Ebene verborgen ist. Der Turmbau zu Babel springt aus der Rolle eines eindrucksvollen biblischen Gleichnisses in seine persönliche Gegenwart, die Metaphysik nimmt - wie so oft bei Carroll - durchaus konkrete Formen an.

Seine Schutzgeister Hasenhüttl und Palm klären Harry über die Fehler auf, die die Menschen beim ersten Turmbau begingen. Die Welt besaß früher eine einzige, universell verständliche Sprache. Menschen, Tiere, Pflanzen, die »unbelebte« Welt konnten sich durch sie miteinander verständigen. »Der Fehler der Menschen bestand darin, zu versuchen, etwas so vollständiges [...] wie die Sprache, die sie schon besaßen, zu erschaffen. Sie wollten ihre eigene Sprache der Objekte erschaffen [...]. Sie nahmen Sein Geschenk und wollten es benutzen, um sich vom Rest der Welt zu isolieren.« Dagegen rebelliert der ambitionierte Architekt und Mensch in Harry: »Wie konnte der Mensch dieses »Verstehen« denn besser nutzen als damit das Beste, das er sich vorstellen konnte, zu schaffen?« Mortons Antwort darauf: »Der Punkt ist nicht, zu erschaffen, sondern zu verstehen. Der einzige Grund, warum der Mensch hier ist, ist, um zu lernen, was Gott ist, und dann mit diesem Wissen umzugehen.«

Da Gott aber ein »Elternteil, kein Diktator« ist, läßt er die Menschen den Turmbau immer wieder versuchen. Ziel ist, wieder die Einigkeit der Menschen untereinander und mit der Welt herzustellen. Die sprichwörtlichen »bösen Nachbarn«, die weltlichen Diktatoren und machthungrigen Unterdrücker - hier der fanatische Cthulu (ein Beinahe-Namensvetter des Lovecraftschen Urbösen) -, die dieses Vorhaben immer wieder sabotieren, fallen allerdings nicht in Gottes Verantwortungsbereich: »Der Mensch ist für *alles* verantwortlich.« und: »Die Menschheit hat jedes Werkzeug, das sie braucht. Die Intelligenz, die Einsicht, die Vision [...].« Anstatt immer andere für alles verantwortlich zu machen - prominentestes Beispiel ist der Teufel als Inkarnation eines kollektiven Sündenbocks - , soll sich jeder selber am moralischen Riemen reißen - wie Harry eben, dessen »Gewissens-Erwachen« das ganze Buch durchzieht.

Der moralische Funke, das Gute im Menschen, bedarf aktiver Förderung. Liebe ist »Knochenarbeit«, es ist »harte Arbeit, einfach nur das Richtige zu tun.« Menschen können sich ändern, können versuchen, einander zu verstehen. So entdeckt Harry an der anfangs blaß erscheinenden Claire ganz neue Seiten, hat Angst, sie »wegen eines Ichs, das ich nicht mehr ausstehen konnte, zu verlieren«, so kann er der eifersüchtigen Fanny verzeihen und sogar seinen früheren Todfeind Hassan schließlich als »Freund« bezeichnen. Die Möglichkeiten liegen in uns, eine Erfolgsgarantie gibt es aber nicht; Zaudern, Angst und Mißerfolg sind Teil des Kampfes. »Wir hüten einen Engel in uns. Wir müssen der Beschützer dieses Engels sein« ist demnach ein durchaus ernstzunehmendes Wortspiel, und auch Harrys privater Schutzengel Hasenhüttl ist vor Angst und schlechter Laune nicht gefeit - für uns gewöhnliche Sterbliche immerhin ein gewisser Trost.

Die bedeutungsschwangere Zeile »Uh-Oh City«[10] ist der Titel von Carrolls zweiter Novelle, die 1992 das Licht einer Druckerei erblickte.

Unfreiwilliger »Star« des Geschehens ist der Englisch-Professor Scott Silver. Nach kargen Jahren akademischen Wanderlebens, die seine Ehe an die Belastungsgrenze führten, gelang es ihm und seiner Frau Roberta, sich ein Stückchen bescheidenen Wohlstands aufzubauen. Es folgten »zwanzig Jahre mit meist interessanten Tagen, mit einigen schrecklichen, und mit einer allgemeinen Zufriedenheit, die selten ist.«

Mit den nun erwachsenen Kindern aus dem Haus, beschließt man, sich ein wenig zusätzlichen Luxus zu gönnen und eine »Perle« für den Haushalt anzuheuern. Auf eine entsprechende Anzeige meldet sich die fünfzigjährige Beenie Rushford, in Scotts Augen »eine Frau mit einer zu lauten Stimme, einer zu tiefen Bräune und mit zu viel Bourbon im Glas um 11 Uhr morgens.« Beenie erweist sich als »nett und verläßlich«, als Quell urkomischer Geschichten und als geradezu diabolisches Putzwunder, so daß sich die verblüfften Silvers am Ende ihres ersten Arbeitstages fragen müssen: »Was wird sie saubermachen, wenn sie nächste Woche kommt?«

Beenie allerdings hat sich nichts Geringeres vorgenommen, als das gesamte Haus der Silvers auf Hochglanz zu bringen. »Uh-Oh City« ist dabei ihr »Kriegsruf«, wenn sie beim Stöbern etwas besonders Interessantes zu Tage fördert. Die Silvers trennen sich aber nur ungern von ihren »Antiquitäten«: »Obwohl sie zerbrochen oder angebrannt oder veraltet waren, waren sie unsere Vergangenheit. Kleine Stücke eines gemeinsamen Lebens, das funktionierte und wuchs und am Ende seinen Platz fand.«

Anfangs erinnert sich Scott gern an Geschichten, die mit dem von Beenie entdeckten Trödel verknüpft sind. Als der »Putz-Wirbelwind« aber mit unangenehmen Erinnerungsstücken erscheint, von denen Scott glaubte, er hätte sich ihrer schon längst entledigt, wird ihm mulmig zumute. So taucht ein Romanmanuskript wieder auf, das von Annette Taugwalder stammt, einer früheren Studentin Scotts. Scotts Kritik dazu war das auslösende Moment für den Selbstmord der hoffnungsvollen Schriftstellerin. Zwar spricht ihn Beenie von jeder Schuld frei, doch Scotts Gewissen ist noch nicht zur Ruhe gekommen.

Ein Bündel von alten Liebesbriefen einer anderen Studentin führen zu einem handfesten Ehekrach. Entsetzt muß Scott erkennen, daß seine Frau ihm nicht rückhaltlos vertraut: »Aus ihrer Sicht verdiente ich immer noch kein Vertrauen. Das war so schockierend nach all den Jahren.«

Erzürnt will Scott die Urheberin des ganzen Ärgers zur Rede stellen. Bei Beenies Haus angekommen, peilt er durch ein Fenster die Lage, und »die Welt war plötzlich ein neuer Ort«: Seelenruhig in einem Magazin blätternd, hat es sich niemand anders als die verblichene Annette auf Beenis Bett bequem gemacht. Mit Annettes Seelenruhe ist es allerdings nicht sehr weit her, wie sie dem entsetzten Scott klarmacht: sie ist wiedergekommen, weil sie ihn immer noch für seine Kritik an ihrem Buch haßt.

Als wäre das noch nicht genug, krempelt die hinzugekommene Beenie Scotts Weltbild völlig um. Auf seine Frage: »Wer sind Sie?«, bekommt er die ebenso einfache wie verblüffende Antwort: »Gott.« Der Herr Professor erhält nun einen Schnellkurs in theologischer Nachbildung: »Der Mensch hat Gott in sich, aber er ist nicht Gott [...], aber es gibt sechsunddreißig auserwählte Menschen, die zusammen Gott sind.« Seine Putze entpuppt sich als der Allmächtige - oder zumindest als ein Sechsunddreißigstel von Ihm. Das ist starker Tobak von einer - nach eigenem Bekunden - »dummen kleinen Frau aus Kansas«, die zudem noch an Krebs leidet. In diesem Fall ist das Ganze aber wesentlich mehr als seine Teile: »Ich bin eine und ich bin sicher nicht beeindruckend. Aber ich bin nur ein Sechsunddreißigstel des ganzen Puzzles. Füg' mich mit den anderen Teilen zusammen und du hast *EINEN BEEINDRUCKENDEN GOTT.*«

Für jeden der Teile Gottes muß ein Nachfolger bestimmt werden, in Beenies Fall wäre das der gute Scott. Um sich der Ehre aber würdig zu erweisen, soll er eine Reihe von Tests absolvieren. Punkt eins des »himmlischen Examens« ist die Versöhnung mit Annette, die endlich ihren Frieden finden soll. Die ist an einer gütlichen Einigung aber absolut nicht interessiert und zerrt sämtliche Skelette, die in Scotts seelischem Kleiderschrank hängen, ans Tageslicht: den distanzierten Umgang mit seinen Kindern - zu denen auch der totgeschwiegene, geistig zurückgebliebene Gerald zählt - und die ganzen Nachlässigkeiten, die er in seinem Leben begangen hat. Schließlich sieht er sich als »Mann, der seine Familie mit [...] Arroganz und ohne Respekt behandelt hat«, als »erschreckenden Egoisten.« Annette ist das aber noch nicht genug, sie will Scott seelisch in Grund und Boden stampfen.

Schließlich muß Beenie dem makaberen Treiben Einhalt gebieten - und schenkt ihrem »Versuchskaninchen« reinen Wein ein: Nicht Scott, sondern Annette war als Beenies - nicht ersetzbarer - Nachfolger vorgesehen. Durch Annettes Selbstmord wird nun mit Beenie ein Sechsunddreißigstel Gottes sterben. Weil dies in letzter Zeit in erschreckendem Maße auch anderen von Beenies »Kollegen« passierte, sollte mit Annettes »Wiederkehr« der Grund dafür gefunden werden - ein vergebliches Unterfangen, wie sich nun herausstellt.

Scott kann es schier nicht fassen: »Leute, die *auserwählt* wurden, Gott zu sein, [...] bringen sich um« und zieht den erschreckenden Schluß: »Wenn Gott vermindert wird, [...] dann wird auch das Gute vermindert.« Beenies Antwort darauf: »Das ist richtig. Deswegen fällt hier mehr und mehr alles auseinander. Deswegen ist es hier so schlecht.« Liegt jedoch auch mit der Welt manches im Argen, an Scott selbst ist noch nicht Hopfen und Malz verloren: »Jetzt weißt du die Wahrheit [...]. Nutze sie und mach' dich besser [...]. Du hast das Potential, ein viel besserer Mensch zu sein, jetzt, da du weißt, wer du wirklich bist.« Scotts

Zukunft ist nicht festgelegt, er kann seinen Weg frei wählen.

Scotts bisheriges Leben erweist sich als voll von Oberflächlichkeiten und verdrängten Schuldgefühlen. Bestes Beispiel ist sein Sohn Gerald, eine »dauernde Ermahnung daran, wie wunderbar das Leben sein kann, wenn man Glück hat.« Die Sauberfrau Beenie räumt damit gründlich auf und kehrt auch in den dunkelsten Ecken seines Lebens mit eisernem Besen. »Wir beginnen als ganze [Menschen], aber bald beginnt die Schuld, ihre heimtückischen Tunnel um und durch unsere Seelen zu bohren.« Scott spricht hier aus leidvoller Erfahrung. Beenie nimmt dagegen einen anderen Standpunkt zu Vergangenem ein: »Behalt es oder wirf es weg«, »das ist die schwierigste Sache der Welt. Deine Schuld abzuwerfen und weiterzugehen.« Allerdings ist auch dies kein hundertprozentiges Erfolgsrezept, die Schwierigkeiten, die Beenie mit ihren eigenen Kindern hat, legen davon ein beredtes Zeugnis ab - aber Gott hatte es mit seinen Kindern ja verbürgtermaßen nie sonderlich leicht.

Wie »innig« allerdings das Verhältnis zwischen Gott und seinem Nachwuchs wirklich ist, davon hatte Scott bisher keine Ahnung. Daß sich der Herrgott aus den Reihen der Sterblichen rekrutiert, ist ihm zu profan: »Es ist zu irdisch! Es sollte majestätischer sein.« Einen biblischen Jehova gibt es heutzutage allerdings nicht mehr, da sich die sechsunddreißig Auserwählten nicht mehr zusammenfinden wie einst, weil es »bis jetzt nicht notwendig war« - man fragt sich warum.

Aber auch die restliche Welt ist »voll von Puzzle-Teilen. Weißt du, warum du dich manchmal einsam und ausgeschlossen fühlst? Weil du nicht auf die richtige Weise verbunden bist. Leute, die das herausfinden, verbringen den Rest ihres Lebens damit, ihre passenden anderen Teile zu finden.« Beenie nimmt hier eindeutig Bezug auf das Prinzip der fünfteiligen Seele, wie es in *Black Cocktail* vorgestellt wurde.

Nicht erst hier beginnen die Schwierigkeiten des Konzepts zutagezutreten: Wenn sich Gott aus Menschen zusammensetzt, wie kann er dann die Seelen der Menschen von Anfang an geteilt, geschweige denn das Universum erschaffen haben? Wer bestimmt die Auserwählten? Das langsame Dahinsiechen Gottes in Gestalt seiner menschlichen »Einzelteile« fügt zwar den ganzen Betrachtungen über Sein Wesen eine originelle Komponente hinzu, daß sich der »Schöpfer aller Dinge« letztlich aber nur als eine aussterbende Spezies der doch von ihm geschaffenen Erde erweist, ist eine zu billige und auch unlogische Erklärung für das Übel in der Welt.

Wer erschuf Gott? Und wenn es denn ein noch höheres Wesen gibt, hat dann dieser »irdische Menschen-Gott« überhaupt Anrecht auf den Titel? Ist er dann nicht nur ein weiterer Schritt zurück zur »ersten Ursache«, mit der schon Thomas von Aquin so seine liebe Mühe hatte?

Zwar glaubten schon die vielzitierten »alten Griechen« an das Chaos als den Ursprung allen Seins, an einem so unausgegorenen Gedankengebäude hätten sie allerdings - als leidenschaftliche Anhänger der Logik - wohl keinen Spaß gehabt.

In Carrolls bisher letztem, 1992 veröffentlichtem Roman *After Silence*[11] hat sich der Cartoonist Max Fischer mit Liebesfreud und Liebesleid, mit Schuld und Sühne in vielfältiger Variation herumzuschlagen. Daß dabei die Kindheit und das Übernatürliche großen Einfluß auf das Geschehen nehmen, ist bei Carroll schon fast selbstverständlich - allerdings sind die jeweiligen Akzente anders gesetzt als bisher.

Der Leser wird mit einem schockierenden Auftakt ins Geschehen eingeführt: ein Mann hält seinem Sohn eine Pistole an den Kopf, will ihn umbringen. Der Mann ist zu Tode geängstigt, der Sohn dagegen lacht. Im folgenden erzählt der Mörder *in spe*, Max Fischer, die entscheidenden Stationen seines Lebens, die zu diesem schrecklichen Augenblick führten.

Max'Eltern bereiteten ihm eine glückliche Kindheit: »Sie liebten mich und wollten, daß ich eine vollständige [Persönlichkeit] bin. Was können wir von einem anderen menschlichen Wesen mehr verlangen?« Zeichnerisches Talent, ein waches Auge und sein Wunsch, »einige der kosmischen, wenn auch kleinen Fragen anzusprechen«, lassen ihn den Beruf des Cartoonisten ergreifen. Als Autor des *Paper Clip*-Strips bringt er es mit den Jahren zu bescheidenem Ruhm und Wohlstand. Mit achtunddreißig Jahren fühlt sich Max »ruhig und obenauf« und fragt sich mit innerem Kopfschütteln über sein unverschämtes Glück: »Warum ist mein Brot so oft mit der Butterseite nach oben gefallen?«

Fortuna lächelt auch weiter auf ihn herab: bei einem Museumsbesuch lernt er die attraktive Lily Aaron und ihren Sohn Lincoln, ein aufgewecktes Kind von neun Jahren, kennen. Lily ist hilfsbereit, »voller Meinungen«, und steht mit beiden Beinen im Leben, das sie mit entschiedener Hand formt. Der Funke springt über, und der gute Max verliebt sich bis über beide Künstlerohren in sie. Gebranntes Kind, das er ist, hält ihn seine Verliebtheit nicht davon ab, eine befreundete Privatdetektivin sich etwas über Lilys Arbeitsplatz umhören zu lassen - ein chaotisches Restaurant namens Crowds and Power, das von seinen Besitzern, einem schwulen Paar, in einem unnachahmlichen Stil geführt wird, der die Meinung der schmausenden Gäste extrem polarisiert: »Die Leute liebten entweder dieses Restaurant oder sie kamen niemals wieder.«

Gemäß der Devise, daß der Weg zum Herzen der Mutter auch über ihr Kind führt, gibt sich Max alle Mühe, auch beim Sohnemann einen guten Eindruck zu hinterlassen - mit Erfolg: Zwei Monate nach dem ersten Zusammentreffen ist Max bei den Aarons eingezogen, alle Beteiligten sind rundum zufrieden, die Idylle scheint perfekt. Durch den Familienanschluß erscheint es Max »nicht einfacher zu leben, aber reicher. So viel reicher.«

Nach und nach erfährt er Lilys Lebensgeschichte, so auch die unglückliche *liaison* mit Lincolns Vater, dem egoistischen »Supermann« Rick, der durch sein hektisches Leben eines frühen - von Lily unbeweinten - Todes starb. Mit dem unseligen Rick als leuchtendem Gegenbeispiel vor Augen schafft sich Max langsam aber sicher einen festen Platz als patenter Lebensgefährte und kumpelhafter Ersatzvater.

Erste Sprünge bekommt die heile Welt, als Lincoln beim Spielen verletzt wird und ins Krankenhaus muß. Routinemäßige Angaben, die Max zu Lincolns Personalien macht, treiben die sonst so selbstsichere Lily in eine Mischung aus Panik und Zorn - für Max völlig unverständlich. Verstört beginnt er, die gemeinsame Wohnung nach »belastendem Material« über seine Herzensdame zu durchsuchen: »Ich wußte, daß sie etwas versteckte [...], ihr Ausbruch war nur die Spitze eines großen Eisbergs aus Lügen.«

Zwei Dinge fallen dem amourösen Amateurdetektiv auf: es findet sich kein einziger Hinweis auf Lilys Macho-»Ex« Rick; dafür fallen dem schnüffelnden Max einige Zeitungsartikel über ein ihm unbekanntes Ehepaar namens Meier in die Hände, auf das er wiederum einen Detektiv ansetzt. Dessen Ergebnisse sind alles andere als Seelenmassage für Max: vor neun Jahren wurde das Baby der Meiers gekidnappt und ward seitdem nicht mehr gesehen. Dieser Schicksalsschlag machte aus den »vom Glück verwöhnten Leuten« gebrochene Menschen, die ihr weiteres Leben einzig darauf ausrichteten, eines Tages durch ein Wunder ihren Jungen wiederzubekommen. Der naheliegende Verdacht wird für Max zur Gewißheit: Lincoln ist niemand anders als der Sohn der unglücklichen Meiers, und Lily, »[...] die Frau, die ich liebte, [...] war eine Kriminelle und ein Monster.«

Trotzdem erzählt er den verzweifelten Eltern nichts davon, denn er will sich sein Glück mit Lily und Lincoln, den er nun als *seinen* Jungen ansieht, nicht zerstören lassen und wird so zum Komplizen in einem der schlimmsten Verbrechen, das er sich vorstellen kann: »Ich konnte mich buchstäblich das Böse umarmen fühlen.« Lily aber »[...] war alles, was zählte. Ich würde zu ihr zurückgehen.« Max kehrt heim, wird auf dem Rückweg fast noch von einem Irren über den Haufen geschossen und landet schließlich wieder im Schoße der überglücklichen Familie.

Er nimmt der von Schuldgefühlen geplagten Lily die Beichte ab: aus Panik vor der eigenen Kinderlosigkeit wurde sie zur Verbrecherin und erfand als Schutzgeschichte die Fabel von ihrem verblichenen Rüpel-Gatten. Max ist willens, mit dem Gewesenen abzuschließen, auch wenn »[...] das unverzeihliche Geheimnis zu bewahren bedeutete, das meiste von dem, an das ich glaubte, aufzugeben.«

Schneller als gedacht hat Max ein ganzes Bündel von neuen Glaubensgrundsätzen. Als er mit Lincoln stilecht nach *Winnetou-und-Old-Shatterhand*-Art Blutsbrüderschaft schließt, überkommt es ihn wie eine Vision: »[...] es fühlte sich an, als ob Gott in seiner Gesamtheit in mich eingedrungen wäre.« Lincoln und Max, so die weitere Offenbarung »[...] waren exakt die gleiche Person.« Unsere Persönlichkeit lebt auch nach »der endgültigen Stille unserer Herzen« weiter. Jede menschliche Seele existiert in vielen tausend, auch zeitgleichen Leben, um wie beim Bau einer Kathedrale in vielen verschiedenen Gestalten simultan auf ein großes Ziel, die eigene Vollständigkeit, hinzuarbeiten. Der großen Gemeinschaft steht das menschliche Ego entgegen, »das verlangt, daß wir allein denken, handeln, leben.« In diesem Spannungsfeld kann Böses entstehen. Max glaubt auch zu wissen, warum ihm die Instant-Konvertierung zu dieser Art Meta-Buddhismus zuteil wurde: »[...] damit ich Lincolns Vater und Lehrer in einem würde.« Diese Aufgabe sieht er als Chance, seinem Leben einen Sinn zu geben, er ist sich aber auch über die Stolpersteine auf seinem zukünftigen spirituellen Lebensweg im klaren: »Wie erscheint dein mittel-altes Selbst durch deine Augen mit neun Jahren? Wenn du weißt, wer dieses leidenschaftliche Kind wirklich ist, läßt dich das mit *nichts* davonkommen.«

Acht Jahre später hat Max das Ergebnis seiner Bemühungen vor Augen: aus dem putzmunteren, liebenswerten Lincoln ist ein mit sich und der Welt unzufriedenes Ekelpaket geworden, das seine Eltern haßt und mit gleichgesinnten »Freunden« einen rotzigen Lebensstil führt, der zunehmend um Gewalt und Drogen kreist. Nicht nur Max' Freundin Mary fragt sich: »Ihr habt alles richtig gemacht. Er wurde geliebt, ihr gabt ihm die richtige Menge an Disziplin [...]. Was ist passiert?« Einziger Trost der aus den Fugen geratenen Familie ist die fünfjährige Tochter Greer, mit der Lily und Max entgegen allen Erwartungen noch ein »eigenes« Kind beschert wurde.

Auch Lilys Arbeitsplatz, das einstmals fröhlich-chaotische Restaurant, hat sich verändert: mit der Wandlung zum »In«-Treff wurden die Besitzer hochnäsig, und es blieb »wenig von der ursprünglichen Wärme.« In dieser Umgebung einstmaligen Glücks präsentiert Lincoln dem verblüfften Papa auf höhnische Weise seine neuerworbene Fähigkeit, dessen Worte und Handlungen zeitgleich nachzuäffen - für Max ein weiterer Beweis ihrer »Identität« - und klärt ihn darüber auf, er wisse »alles«, hat er doch Max' geheimes Tagebuch aufgestöbert.

Enttäuscht und entsetzt über den jahrelangen »Betrug« reißt Lincoln aus und sucht in aufgewühltem Zustand die Meiers auf, begierig, seine »wahren« Eltern und seine wirkliche Identität zu finden. Max, der einen Gewaltausbruch fürchtet, bleibt ihm auf den Fersen. Lincoln erwartet nämlich eine weitere unangenehme Überraschung: Brendan, der entführte Junge der Meiers, ist schon vor Jahren wieder aufgetaucht und steht dem fassungslosen »Heimkehrer« leibhaftig gegenüber. Lily hatte ein ganz anderes Kind gekidnappt, das nur in ihrer Wunschvorstellung der Junge des »Traumpaars« war, der etwa zur selben Zeit wie Lincoln verschwand. Max war darüber (im Gegensatz zum verblüfften Leser) informiert, konnte es dem zornentbrannten Lincoln aber nicht mehr sagen.

Der fühlt sich nun endgültig ungeliebt und zwischen allen Stühlen und reagiert mit dem einzigen Mittel, das ihm in den Sinn kommt - mit Gewalt. Einigen Molotow-Cocktails gegen das Haus der Meiers folgen - in bösartiger »Parodie« auf den Jahre früher erfolgten Anschlag auf Max - Schüsse auf den Herrn Papa, den er anschließend zusammenschlägt. Max' metaphysischen Beteuerungen, Lincoln sei ein von Gott gesandter Schutzengel, der ihm anvertraut wurde, schenkt er nicht den geringsten Glauben.

Der durchgeprügelte Max erwacht im Krankenhaus und muß erfahren, daß Lincoln sich in seiner Verzweiflung umgebracht hat. Als gebrochener Mann kehrt er heim und wird prompt von einer ihm seltsam vertraut scheinenden Frau begrüßt, die sich als Lincolns Freundin Ruth vorstellt. Sie behauptet, Lincoln habe sie vor seinem Selbstmord aufgrund seiner »Kräfte« die ihr bevorstehenden schlechten Jahre »überspringen« lassen und sie so über Nacht vom Teenager zur Mittdreißigerin gemacht - wieder ein Hinweis für Max auf Lincolns »überirdisches« Wesen, von dem er überzeugt ist, es durch die Blutsbrüderschaft »verdorben« zu haben.

Als letzte traurige Pflicht bleibt ihm die Identifizierung von Lincolns Leiche - und die wird im Leichenschauhaus plötzlich sehr lebendig! Der untote Sohn verhöhnt abermals seinen gescheiterten Vater und fordert ihn auf, ihn nochmals zu töten, da unbenannte Mächte ihn nicht sterben lassen wollen.

Mitten in diese bizarre Szene platzen Lily und (die immer noch süße siebzehn zählende) Ruth - und Max fällt es wie Schuppen von den verblendeten Augen: »Ich wußte, daß es keine Engel gab. Wußte [...], daß ich eine letzte Chance bekommen hatte, meinen Sohn zu retten, sie aber durch meinen Wahnsinn und meine Ausflüchte vertan hatte.« Sein ganzes übernatürliches Weltbild, auf das er die Erziehung seines Sohnes gegründet hatte, erweist sich als eine wahnhafte Zwangsvorstellung, durch die er in grausamer Konsequenz sein Leben und das seines Sohnes zerstörte. Zurück bleibt nur noch der Schatten des einst so lebensfrohen Draufgängers: »Es war kein Platz mehr für mich übrig. Wie glücklich Lincoln war, tot zu sein.«

Nichts ist, was es zu sein scheint, die Vorstellung von der Wirklichkeit, Glaube, Liebe, Persönlichkeit, »alles fließt«. »Innerhalb von dreißig Sekunden wird [das] Leben unverständlich«, löst sich bisher Festgefügtes in Wohlgefallen auf. »Los Angeles liebt Veränderung«, meint Restaurantbesitzer Ibrahim zum Hauptschauplatz des Geschehens - und ist dabei selbst Veränderungen unterworfen; denn auch - oder vor allem - Menschen ändern sich, so Lily und Lincoln Aaron, die mit ihrem Wohnort wohl mehr als nur das Namenskürzel gemeinsam haben. Das obskure Objekt von Max' Begierde zeigt sich als tatkräftiger Unschuldsengel, monstermäßige Kidnapperin und liebende Ehefrau, und der süße Bengel wird zum enttäuschten Kotzbrocken und Kriminellen. Sein und Schein, Vorstellung und Wirklichkeit, die wörtliche und die metaphorische Ebene tanzen dabei einen mitunter desasterhaften Ringelreihen.

Max versucht, eine Brücke zwischen der harten Realität des Alltags und den dahinter verborgenen kosmischen Prinzipien zu schlagen. Der Ausgleich zwischen beiden Bereichen gelingt ihm jedoch nicht, und er pendelt zwischen nüchterner Sachlichkeit und verbohrt-visionärer Gottesschau ständig hin und her. Die Bemerkung einer Freundin, sie suche einen »Seelendetektiv«, illustriert trefflich das Dilemma. Der fatale Dualismus von aufrichtig gemeinter, hingebungsvoller Liebe und einem stetigen Sich-Rückversichern - der »seelischen« und der »detektivischen« Seite von Max' Persönlichkeit - führt schließlich zum Grabenbruch in Fischers Geist und Leben.

Ein »Seelendetektiv« ist eben kein Privatschnüffler, der in intimen Details herumkramt, doch Max setzt gleich mehrfach wirkliche Detektive auf seine Lieben an. Trotz allerbester Absichten, Lincoln, den vermeintlich von Gott gesandten Schutzengel, durch eine wohlmeinende Erziehung zu einer ausgewogenen Persönlichkeit reifen zu lassen, geht das löbliche Vorhaben gründlich daneben, und der gescheiterte Vater muß sich fragen: »Gab es [...] Dinge, die wir aus reiner Liebe getan hatten, und die trotzdem so grundlegend falsch waren, daß ein Feind kein besseres Mittel hätte ersinnen können, um unseren Jungen zu zerstören?«

Max setzt seine Metaphysik buchstabengetreu um und bastelt so hoffnungsfroh am Zerfall seiner - ohnehin auf moralischem Treibsand gebauten - Familie mit. In seiner letzten Auseinandersetzung mit Lincoln gesteht er ihm endlich seinen Fehler ein: »*Es gibt wirkliche Engel. Wenn du sie sein läßt und nicht tötest.*« - und bleibt dabei weiter an seinem zerstörerischen Wahn kleben, indem er das Gesagte durchaus wörtlich meint. Daß diese Erkenntnis tatsächlich auf sein Versagen als Vater zutrifft, daß er im übertragenen Sinne wirklich alles »Engelhafte« an seinem Sohn getötet hat, entgeht ihm dabei völlig. Der an sich lebensbejahende Glaube wird dadurch zum erstickenden Leichentuch.

Lincoln will sein Leben nicht als »Bauchrednerpuppe« von Max verbringen, will und muß die eigenen Fehler machen, die sein treusorgender Vater ihm ersparen will. In seiner »Max-Parodie« kehrt er sogar kurzfristig den Spieß um. Sein Aufbegehren »Ich bin nicht Dein Cartoon«, sein Recht auf ein eigenes Leben, hatte Max ironischerweise bereits Jahre vorher in einem gleichnishaften Comic-Strip festgehalten - freilich ohne den tieferen Sinn dahinter zu erkennen: Ein Paar entführt einen Jungen und »baut« ihn so um, daß nicht einmal die eigenen Eltern ihn wiedererkennen, doch der Junge »zerschmilzt« ihnen unter den Händen. Geradezu krankhaft präsentiert sich das Ehepaar Meier, das den Verlust seines Jungen nie überwindet und sein Leben um ein nicht vorhandenes Kind herum aufbaut. Die »gesündeste« Einstellung in puncto Erziehung besitzt wohl Lily, die Lincoln immer als jemanden behandelt, »um den sie sich sorgte, dem sie sich aber in keiner Weise überlegen fühlte« - sich sein Glück in Kindsform einfach unter den »mütterlichen« Nagel zu reißen, erweist sich aber als denkbar schlechte Beziehungsgrundlage.

»Die meiste Zeit wissen wir verdammt gut, was gut und böse, richtig und falsch ist. Wir entscheiden uns nur, nicht danach zu handeln [...]«, meint Lily und trifft dabei den neuralgischen Punkt der menschlichen Moral. Max' Weigerung, moralisch richtig zu handeln, sich sein Familienglück zerstören zu lassen, macht ihn mitschuldig an Lilys Verbrechen und legt wohl den Grundstein für seine bizarre private »Erlösungstheorie«, mit der er im Nachhinein sein Handeln entschuldigt. Der abrupte Stimmungsbruch im Roman spiegelt dabei den Riß in Max' Bewußtsein wider.

Fortuna dreht ihr Rad, wer »obenauf« war, fällt hinab, jedoch nicht ohne sein Scherflein dazu beigetragen zu haben. Einen moralfreien Raum für Täter wie Opfer - oftmals nicht voneinander zu trennen - gibt es nicht.

Hatten in den vorangegangenen Romanen die Protagonisten oft mit der Aufarbeitung ihrer Kindheit beziehungsweise deren Auswirkungen auf ihr Leben als Erwachsene zu kämpfen, sieht sich Max Fischer in *After Silence* dem Problem aus einem ganz anderen Blickwinkel gegenüber. Die Frage »Wie würden wir mit der Rückkehr unserer eigenen Kindheit umgehen?«, stellt sich ihm in Gestalt von Lincoln in einem (scheinbar) ganz konkreten Sinn. Max hält für die Lösung dieser Aufgabe auch viele vernünftig klingende Meinungen bereit - hier ist die Romanfigur das Sprachrohr des Familienvaters Carroll, der durch den katastrophalen Verlauf des »Erziehungsprojekts« aber offen zugibt, keine Patentlösungen anbieten zu können. Trotz tiefen Einblicks in die Seele eines Kindes »ist es nicht einleuchtend, wie Erwachsene und Kinder auf derselben Ebene funktionieren [...]. Beide sehen die Sichtweise des anderen als unwirklich und oft lächerlich« - Mißverständnisse mit mehr oder minder schweren Folgen sind vorprogrammiert. *After Silence* ist deswegen weder eine metaphysisch angehauchte *éducation criminelle*, die dem reinen Gaudium des Lesers dient, noch ein wortwörtlich zu nehmendes »Handbuch für ratsuchende Eltern«, sondern die gekonnte Umsetzung teuer erkaufter Lebenserfahrung in höchst unterhaltsame, moralische, aber nie moralisierende Lektüre.

Die Verknüpfungen zwischen den Romanen lassen es ahnen, eine nähere Betrachtung der immer wiederkehrenden Themenkomplexe macht es zur Gewißheit: Carroll ist ein »ganzheitlicher« Autor. Kindheit und Erwachsensein, Leben und Tod, Phantasie und Realität sind untrennbar miteinander verbunden. Im Mittelpunkt steht die oftmals auf schmerzhafte Weise erworbene Selbsterkenntnis. Was diese an sich nicht unbedingt stupende Einsicht von billigem New-Age-Astralgelaber unterscheidet, sind das deutlich zu spürende Engagement und die Aufrichtigkeit des Autors, sowie ein von aller Naivität befreiter Humanismus.

»Was ich am meisten im Leben brauche, ist ein Seelendetektiv«[12], meint die sinnsuchende Sally - und so sind denn alle von Carrolls Protagonisten auf der

Pirsch nach dem eigenen Ich. Ob in aberwitzigen Traumgesichten, auf der Suche nach der eigenen »Seelenfarbe« oder durch die Enträtselung des »Lebenshauses«, immer versuchen sie, die eigene Psyche auszuloten. Freilich wird dabei auch so manches vom schummrigen Seelengrund ans Tageslicht befördert, dem man am liebsten nicht ins Auge sehen würde - »bereit, [...] mit seiner vernichtenden Wahrheit zu töten.«[13] Doch Drückebergerei ist nicht drin, früher oder später hat man sich mit seinen (Un-)Taten auseinanderzusetzen. So schmerzhaft dies auch sein mag, erst wenn man weiß, wer man wirklich ist, hat man »das Potential, ein besserer Mensch zu sein.«[14]

Der geistigen Neugeburt zur Seite steht dabei oft der Schamane Venasque, der mit unorthodoxen Methoden das »ursprüngliche Gesicht« seiner »Patienten« freizulegen versucht. Ist dieser gerade nicht abkömmlich, werden eigene Kräfte aktiviert. Frei nach dem Motto »Hilf dir selbst, dann hilft dir Gott«, kann man »den Engel in sich« freilegen, unseren immanenten Kontakt zu höheren Gefilden, den wir im Laufe des Lebens immer mehr verschüttet und vom bewußten Ich abgeriegelt haben. Gott selbst, der »subtil, aber nicht grausam«[15] ist, wacht dabei nach Art eines leicht distanzierten Elternteils über die seelischen Gehversuche seiner Sprößlinge, um sie aus ihren eigenen Fehlern lernen zu lassen. Neben weiteren dominierenden Vatergestalten in Carrolls Romanen ist er die ultimate elterliche Instanz. Den Menschen entbindet dies aber nicht von der Verantwortlichkeit für seine Taten und Versäumnisse. Der Sultan von Saru drückt dies so aus: »Gott sorgt für das Essen, der Mensch sorgt für die Köche«[16] - Magenverstimmungen mit eingeschlossen.

Ziel der Übung hier auf Erden ist es, »am Leben zu arbeiten, bis man damit klarkommt.«[17] Das »zufriedene Leben« ist eines der immer wieder auftauchenden Motive in Carrolls Romanen, oftmals erhaschen seine Figuren aber nur einen kurzen Blick darauf, um sich sogleich wieder mit ihren irdischen und übernatürlichen Verstrickungen auseinandersetzen zu müssen. »Innerhalb von dreißig Sekunden« kann das »ganze Leben unverständlich werden«[18], »alles kann von einem Moment auf den anderen verschwinden«[19], und im Auf und Ab der irdischen Achterbahn hilft manchmal nur noch hartnäckiges Festhalten - ganz im Stil des Parkinson-Patienten aus *Sleeping in Flame*, der sich durch seine körperliche Unzulänglichkeit nicht von der geliebten Tasse Kaffee abhalten läßt, auch wenn er sie mit dem Strohhalm trinken muß. Für Langeweile ist jedenfalls kein Platz, schließlich »liebt das Leben Farben, nicht nur Schwarz und Weiß«[20], und, so spekuliert einmal Weber, indem er die menschliche Seele mit einem Automobil vergleicht: »Vielleicht waren auch Seelen für starke Beanspruchung und rauhe Abenteuer gedacht.«[21]

Bilder wie dieses, Metaphern und allegorische Geschichten spielen in Carrolls Werk eine große Rolle, so auch die Geschichte vom brennenden Nachbarhaus in *Voice of our Shadow*. Sie spiegelt in ihrem Aufbau (glückliche Zeit - schreckliches Ereignis - kurze Erholungsphase - erneute Katastrophe) zudem noch die typische Struktur der Carrollschen Romane wider (in Werken jüngeren Datums wird sie schon mal variiert).

Dabei gehen Schrecken und Entzücken Hand in Hand, wird der Horror oft durch Humor gebrochen, auch wenn »es leider die falsche Art des Lachens ist [...], wenn einem das Lachen bald wieder vergeht.«[22] Carroll schöpft dabei aus einer reichen und potenten Quelle, denn »kein Teufel der Hölle kann uns mehr in Schrecken versetzen als die Dämonen der Kindheit«[23], und »unsere Kindheit [...] ist unerschöpflich.«[24] Die Kombination dieser zwei Elemente bürgt für ein explosives Gemisch: »Getrennt sind sie harmlos, aber vereint werden sie zu Nervengas.«[25]

Ob nun die phantastischen Elemente tatsächlich reale Ereignisse darstellen oder »nur« als »Seelenbilder« der Protagonisten dienen, ist dabei eher zweitrangig. So trauen auch die einzelnen Charaktere den phantastischen Schilderungen der anderen nicht recht, zum Beispiel Max, der ein Buch über das »verrückte Traumland von Cullen« nach einem kurzen Blick schnell wieder zurücklegt. Seine schlußendliche Erkenntnis des eigenen Wahnsinns wirft ein ganz neues Licht auf den gesamten Zyklus - Lügen und Halbwahrheiten sind bei den Carrollschen Helden, die ja zugleich auch immer Erzähler sind, sowieso mit eingeschlossen. Wie »real« die einzelnen phantastischen Elemente aber auch immer sein mögen, ihre Existenzberechtigung im Alltag haben sie allemal, denn, so ein Zitat von Ernest Becker: »Die Menschen schaffen sich die Realität, die sie brauchen, um sich selbst zu entdecken«[26] - und die Entdeckung des eigenen Ich ist der zentrale Punkt in Carrolls Romanen.

Als Destillat des Ganzen bleibt die abgeklärt-schlichte Erkenntnis: »Vielleicht sollen wir einfach im Leben nur unser Bestes tun.« Dieser Schluß, im Verein mit allen geschilderten übernatürlichen Vorkommnissen, macht Carroll zu einem »Visionär, der auf dem Teppich bleibt«, einem »Pragmatiker, der sich nicht davor fürchtet, zu träumen und zu hoffen.«[27]

Walker Easterling schüttelt einmal über allzugroßen akademischen Ehrgeiz innerlich den Kopf: »Studie zur Kritik des früh-germanischen Sexismus unter besonderer Berücksichtigung des »Rumpelstilzchens«. Wahrscheinlich gibt es irgendwo wirklich so einen Spinner, der an so etwas sitzt.«[28] Da der Autor des vorliegenden Textes nicht unbedingt zum oben genannten Menschenschlag gerechnet werden möchte, und der Artikel auch nicht »im eignen Allzuviel« ersticken soll, setzen wir hier den Ausführungen ein

ENDE.

Anmerkung:
Bei Büchern, die bis Redaktionsschluß nur in englischer Sprache vorlagen, wurden die Zitate vom Autor dieses Artikels übersetzt.

1 Jonathan Carroll, *Das Land des Lachens* (Frankfurt am Main: Suhrkamp, 1986). Alle folgenden Zitate aus dieser Ausgabe.
2 Jonathan Carroll, *Die Stimme unseres Schattens* (Frankfurt am Main: Suhrkamp 1989). Alle folgenden Zitate aus dieser Ausgabe
3 Jonathan Carroll, *Laute Träume* (Frankfurt am Main: Suhrkamp 1988). Alle folgenden Zitate aus dieser Ausgabe
4 Jonathan Carroll, *A Child Across the Sky* (London: Arrow Books, 1990), S. 153.
5 Jonathan Carroll, *Laute Träume*, a.a.O.
6 Jonathan Carroll, *Schlaf in den Flammen* (Frankfurt am Main: Suhrkamp, 1990). Alle folgenden Zitate aus dieser Ausgabe.
7 Jonathan Carroll, *A Child Across the Sky*, a.a.O. Alle folgenden Zitate aus dieser Ausgabe.
8 Jonathan Carroll, *Black Cocktail* (London: Century, 1990). Alle folgenden Zitate aus dieser Ausgabe.
9 Jonathan Carroll, *Outside the Dog Museum* (London: Futura, 1991). Alle folgenden Zitate aus dieser Ausgabe.
10 Jonathan Carroll, »Uh-Oh City«, erschienen in: *Fantasy and Science Fiction*, June 1992. Alle folgenden Zitate aus dieser Ausgabe.
11 Jonathan Carroll, *After Silence* (London: Macdonald, 1992). Alle folgenden Zitate aus dieser Ausgabe.
12 Ebd., S. 6.
13 Jonathan Carroll, »Uh-Oh City«, a.a.O., S. 156.
14 Ebd., S. 159.
15 Jonathan Carroll, *A Child Across the Sky*, a.a.O., S. 263.
16 Jonathan Carroll, *Outside the Dog Museum*, a.a.O., S. 122.
17 Jonathan Carroll, *Schlaf in den Flammen*, a.a.O., S. 141.
18 Jonathan Carroll, *After Silence*, a.a.O., S. 92.
19 Jonathan Carroll, *Laute Träume*, a.a.O., S. 49.
20 Jonathan Carroll, *A Child Across the Sky*, a.a.O., S. 243.
21 Ebd., S. 199.
22 Jonathan Carroll, *Laute Träume*, a.a.O., S. 140.
23 Jonathan Carroll, »Uh-Oh City«, a.a.O., S. 147.
24 Jonathan Carroll, *After Silence*, a.a.O., S. 5.
25 Jonathan Carroll, »Uh-Oh City«, a.a.O., S. 237.
26 Jonathan Carroll, *Schlaf in den Flammen*, a.a.O., S. 164.
27 Jonathan Carroll, *Outside the Dog Museum*, a.a.O., S. 235.
28 Jonathan Carroll, *Schlaf in den Flammen*, a.a.O., S. 215.

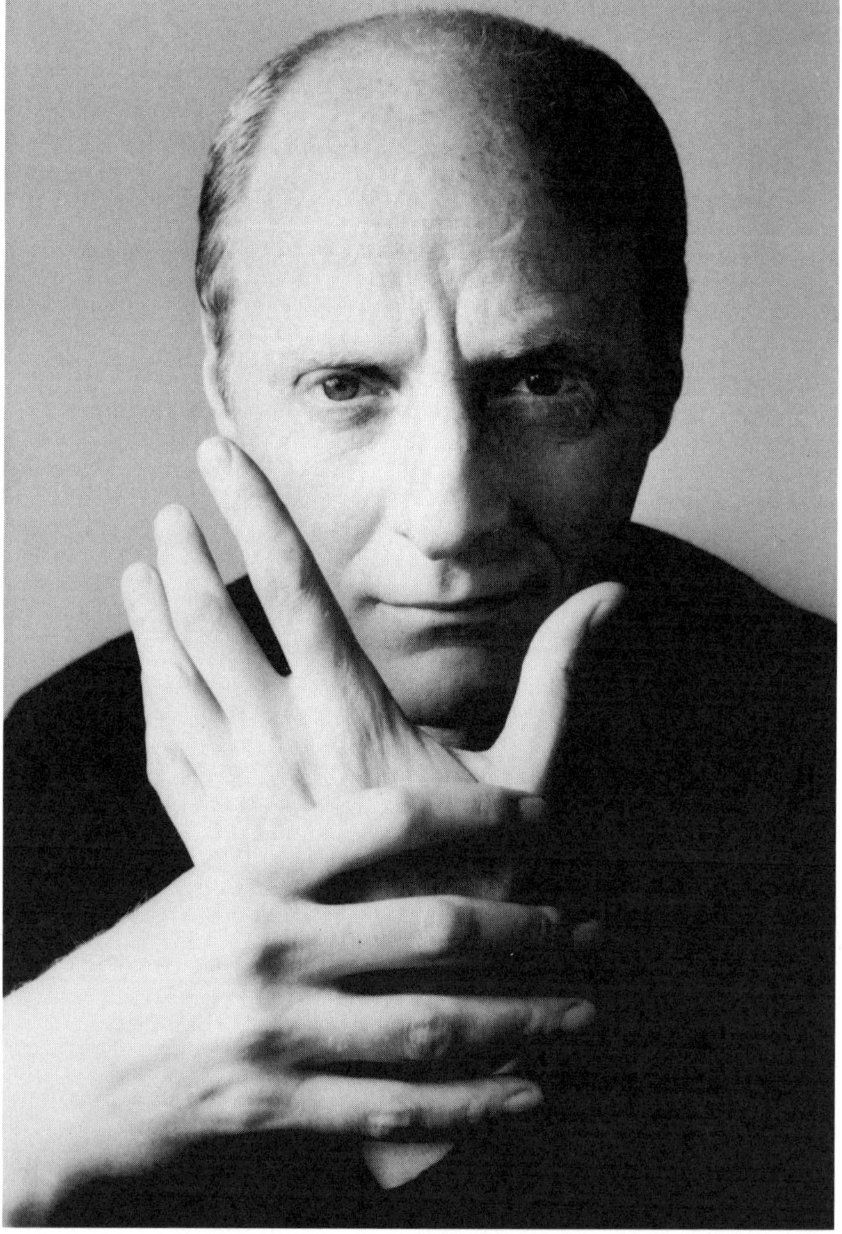

Einige subjektive
Anmerkungen zu

Jonathan Carrolls
Erzählungen

*Volkher
Hofmann*

Die Zerstörungskraft des Phantastischen

»Doch, wir können. Wir können etwas tun.«[1] Dieser unscheinbare, trotzdem aber ausschlaggebende Satz in Jonathan Carrolls Kurzgeschichte »Mr. Fiddlehead« deutet unmittelbar auf einen unterschwelligen thematischen Strang, der einen großen Teil seines bisher noch von recht bescheidenem Umfang geprägten Kurzgeschichtenwerks durchzieht.

Da eben dieses Werk jedoch von der versteckten, ja manchmal fast bis zur Unkenntlichkeit verzerrten Bedeutungskraft lebt, eröffnet sich dieser besondere Aspekt nur dem aufmerksamen Leser. Man könnte sogar behaupten, daß Jonathan Carroll kein Autor für das breite Lesepublikum sein kann, da er es liebt, mit dem Intellekt und nicht dem vordergründig Emotionalen in seinen Lesern zu spielen. Ergo: Erzählungen wie »Mr. Fiddlehead« sind komplizierte literarische Gewebe, die nur oberflächlich betrachtet eine schnelle und unkomplizierte Bedürfnisbefriedigung versprechen.

Ist der Leser jedoch dazu bereit, sich eingehender mit diesen Erzählungen auseinanderzusetzen, und eigene Erfahrungen und Kenntnisse genrespezifischer Inhalte und übergreifender literarischer Grundthematiken auf sie anzuwenden, so eröffnet sich ihm eine überraschend diffizile, gerade deshalb aber umso facettenreichere und erfrischend originelle Sichtweise beziehungsweise inhaltliche Weite, die den oft kommerzialisierten und oberflächlichen Literaturbetrieb zu Ende dieses Jahrhunderts negiert.

Die vorstehenden Anmerkungen zu Carrolls Werk allgemein mögen eine elitäre Grundeinstellung zur Literatur implizieren, ergeben sich jedoch für mich zwangsläufig aus den vorliegenden Erzählungen. Nicht jeder Leser stößt unweigerlich auf die im Verlauf dieses Artikels noch auszuarbeitende Initiationsthematik in der Erzählung »The Art of Falling Down«, denn, wie so häufig in Carrolls Werken, der Autor liefert nicht selbst den nötigen Hintergrund, um die jeweilige Erzählung vollständig entschlüsseln zu können. Die Hauptlast trägt der Leser, dem das Zusammenfügen der Einzelteile zu einem wirklich verständlichen Gesamtbild alleine überlassen bleibt.

Diese Last, die auf den Schultern der Leser liegt, macht aber auch die eigentliche Kraft des Carrollschen Schaffens aus, denn der Interpretationsspielraum ist bewußt weitgesteckt und läßt - in der heutigen Zeit selten genug - jedem Leser die Freiheit, die zu einer intelligenten Auseinandersetzung mit Literatur unabdingbar ist.

Erschwert wird eine Betrachtung und versuchsweise Auslegung seiner Geschichten durch die zwanghaften und fast schon penetrant wirkenden Kategorisierungsversuche des Gesamtwerks als »Phantastik«. Besonders auffällig ist dieses Bemühen im deutschsprachigen Raum, da hier schon die Farbgebung durch den Stammverlag eine Klassifizierung und sogar Stigmatisierung bedeutet. Aber auch in Großbritannien und den USA hat sich eine »Vorverurteilung« anhand von entsprechenden Covergestaltungen, Rezensionszitaten und Reiheneinordnungen durchgesetzt, die Carrolls Bücher im vorhinein auf einen speziellen Leserkreis beschränkt.

Ohne die verschiedensten und nicht selten uneinheitlichen Ortsbestimmungen der literarischen Phantastik beziehungsweise in unserem Falle eher denen des magischen Realismus bemühen zu wollen, scheint mir vor allem ein Aspekt in Carrolls Werk entscheidend, der bisher viel zu selten betont wurde: es sind nicht die ohne Zweifel häufig auftauchenden phantastischen Elemente, die Carrolls Werk charakterisieren, sondern es ist das, was er mit ihrem Einsatz bezwecken will. Dieser kleine aber feine Unterschied deutet diese Elemente als Mittel zum Zweck und nicht als plakativen Zweck an sich. Der wiederholte metaphorische Einsatz gängigster phantastischer Elemente bedeutet letztendlich, daß Carrolls Werk gerade außerhalb der Phantastik sein Publikum finden sollte, denn innerhalb dieses Genres und dessen Zwangsjacke wird der Zweck allzuoft zugunsten der Mittel geflissentlich übersehen - ein Manko, daß einer Gettoisierung eines Genres nicht gerade undienlich zu sein scheint.

Die Elemente der Carrollschen Phantastik dienen meist der Zerstörung und/oder Korrumpierung eines oder mehrerer Protagonisten. Es ist interessant zu beobachten, wie der Autor diese Elemente häufig mit positivem Flair einführt, um sie sich dann schrittweise gegen seine Figuren wenden zu lassen. Traumfiguren und Wunschvorstellungen entpuppen sich nicht selten als bedrohlich, meist jedoch als äußerst gefährlich für das (Seelen-)Leben. Dieser bedrohliche Grundtenor, dem nur in wenigen Ausnahmen etwas entgegengesetzt wird, ist charakteristisch für die Mehrzahl seiner Erzählungen und wiederholt sich auch in den Geschichten, in denen das Phantastische eine eher untergeordnete Rolle spielt.

Case in point, wie die Amerikaner sagen würden: »Mr. Fiddlehead«. Ist es der rothaarige, pflaumenkernessende Mr. Fiddlehead, der im Zentrum der Erzählung steht, oder ist es die Freundschaft der beiden Frauenfiguren? Die Fleischwerdung einer Traumfigur in Zeiten emotionaler Not ist durchaus ein gängiges und in Carrolls Werk mehrfach wiederkehrendes phantastisches Element, doch in letzter Konsequenz dient der Einsatz dieser Figur hier nur der Verdeutlichung einer graduellen Zerstörung einer Freundschaft, die dem Leser anfänglich als unzerbrechlich suggeriert wurde. Anhand der Konfrontation von Phantastischem und der Realität erhöht die auf einen einzigen Moment der angedeuteten Zerstörung dieser Freundschaft hinauslaufende Erzählung die Aussagekraft um ein Mehrfaches, ohne einer konventionellen Erzählweise mit all ihren »alltäglichen« Einzelheiten Tribut zollen zu müssen. Durch die über weite Strecken positive Darstellung des Mr. Fiddlehead im traditionellen Sinne eines »wundervollen« phantastischen Ereignisses, negiert Carroll gerade dieses Ereignis durch die zerstörerische Kraft desselben.

Dabei wird eine klare Wirkung erzielt: der Leser ist geneigt, die Figur des Mr. Fiddlehead als Mittel zu erkennen. In diesem Moment negiert sich aber auch beim Leser die Phantastik selbst, denn er sieht im Rückblick, daß es eigentlich die Realität - so wie sie jeder kennt - ist, um die sich alles gedreht hat. Der phantastische Einfluß auf die Freundschaft der beiden Frauen wird im Nachhinein als stellvertretend gedeutet. Unter dem Strich bleibt eine Erzählung, die allzu Alltägliches verdeutlicht hat, ohne die Phantastik als »reales« Element im Bewußtsein verankert zu haben.

Selbiges wiederholt sich in der Erzählung »The Panic Hand«. Zwar ist die von der Protagonistin Heidi in die Realität hineinprojizierte Traumfigur der auf reine Äußerlichkeiten reduzierten »Begleiterin« Francesca zeitweise eine durchaus greifbare Figur, doch entpuppt sich ihr Einsatz auf der einen Seite - im Wechselspiel mit dem Erzähler - als heilendes Element für die unsichere und stotternde Heidi, vor allem aber auf der anderen Seite als korrumpierendes Moment im Leben des Erzählers, dessen wohlgeordnete und durchgeplante Realität komplett durcheinandergewürfelt wird. Für Carroll typisch, wird diese Korruption nur ansatzweise angedeutet. Wiederum dient das phantastische Element nur der Bestätigung des ohnehin schon Angedeuteten: nichts kann so sein wie es sein soll, denn der Gang der Dinge läßt sich nicht berechnen. Carroll bringt dies auf den Punkt, indem er das zufällige Zusammentreffen der drei Figuren in einem Zug zur (unbewußten) Epiphanie des Erzählers stilisiert. Dessen idealisierte Beziehung zu seiner Celine, die er auf dem Wege ist zu besuchen, wird zerstört durch die Konfrontation mit Heidi und deren fleischgewordener Idealfigur der Francesca. Als des Erzählers Augen zu Ende der Geschichte eben nicht auf die ihm entgegenkommende Celine fallen, sondern auf deren »wunderbare« Tochter Fiona, ist die anfängliche Lebensharmonie, auch wenn sie nur eingebildet gewesen sein könnte, sicherlich dahin; ein Wandel hat sich vollzogen, dessen Auswirkungen sich nur erahnen lassen. Fest steht, daß, ausgehend von einer frühen Äußerung des Erzählers - »Vielleicht versuchte mein Körper aus der alten, versehrten« Haut auszubrechen, wie eine Schlange, und eine neue zu bilden«[2] - genau dieses passiert ist.

Eine weitere zerstörerische Traumfigur entdecken wir in der Erzählung »A Quarter Past You«. Hier ist die Zerstörungskraft besonders stark, da sie sich im intimsten Bereich der hier dargestellten Beziehung austobt. Die sexuelle Beziehung des Paares entwickelt sich von einer ruhigen, rhythmischen hin zu einer brutalen, ausnutzenden, wobei die idealisierte Traumfigur der Frau den Mann in einen psychologischen und zu guter letzt durch zunehmende Unsicherheiten geprägten gewalttätigen Abgrund stürzt.

Im Unterschied zu den vorangegangenen Erzählungen manifestiert sich die erotische Phantasiefigur namens Peter Copeland nicht real, sondern im

91

Handeln der zwei Protagonisten - das Endresultat ist nichtsdestoweniger katastrophal. Ein latentes Mißtrauen des Ehemanns bricht in dem Augenblick hervor, in dem er durch Eifersucht getrieben erkennen muß, daß er »[...] möglicherweise gar nichts von ihr [seiner Frau] wußte.«[3] Dieser erschreckende Einblick in die Realität der Beziehung treibt ihn dazu, die Traumvorstellung seiner Frau, nachdem er sie zum eigenen Vorteil ausgenutzt hatte, vollends zu zerstören - ihr sowohl physischen wie psychischen Schmerz zuzufügen.

Die Geschichte »The Lick of Time« verengt die Wunschfigurenperspektive erneut. Hier beschränkt sich alles auf eine Frauenfigur, die sich ob ihrer Probleme einen mechanischen Ansprechpartner schafft. Die fortschreitende psychische Abwärtsspirale mündet in eine Konfrontation mit dem eigenen Ich, das, wie sollte es in unserer hochtechnisierten gefühlskalten Welt anders sein, sich als Telefonanrufbeantworter manifestiert. Dieser hat eine Couch-Funktion, anhand derer sich die Protagonistin quasi selbst analysieren und teilweise stärken kann. Das Mitteilungsbedürfnis bricht erst wieder aus ihr hervor, als nach einer Zeit der inneren Ausgeglichenheit eine versuchte Vergewaltigung ihr Leben erneut durcheinanderbringt. Diesmal aber antwortet ihr eigenes Ich am Ende der Leitung: »Du bist langweilig. Nicht alles an dir, aber das meiste. Jedesmal, wenn du anrufst, geschieht es, um zu jammern und zu weinen: 'Ich armes kleine Ich!' Niemals: 'Geht es dir gut?' oder 'Ist das Leben nicht herrlich?' [...] Kein Wunder, daß Morton [ihr Freund] sich in die Wüste abgesetzt hat. Vielleicht hättest du den Kerl heute über dich lassen sollen. Dann hättest du eine Vorstellung, wie man sich fühlt, wenn man benutzt wird.«[4] Die Härte, mit der ihr eigenes Ich sich zur Wehr setzt, reflektiert die Persönlichkeitskrise, in der sich die Protagonistin befindet. Ausgehend von der Instabilität dieser Persönlichkeitsstruktur ist es allerdings zweifelhaft, ob die Konfrontation einen Heilungsprozeß in Gang gesetzt haben könnte. Vielmehr läßt Carroll seine Protagonistin mit einem Angstgefühl zurück, das eine Fortsetzung der Abwärtstendenz impliziert. Wieder hat ein phantastisches Ereignis eine Person noch weiter in die Krise gestürzt, ihr mehr geschadet als ihr geholfen und ihr die Tücken des im wahrsten Sinne des Wortes eigenen Subjekts aufgezeigt.

In »The Sadness of Detail« erweist sich die letzte große Wunschvorstellung, ein übergeordnetes Wesen, Gott, halte die Fäden des Lebens in der Hand, als trügerisch, denn Gott kann sich noch nicht einmal an sich selbst erinnern. Die Protagonistin besitzt aber trotzdem die Transzendenz, einen Sinn im Leben zu sehen, muß dieses Talent jedoch vor den neugierigen Blicken anderer verstecken. Carroll setzt sich in dieser Erzählung anhand einer Begegnung der Protagonistin mit einer mysteriösen Figur meisterhaft mit den verschiedensten Themen auseinander: Schicksal, Glauben und Kreativität. Er verknüpft diese drei Elemente und stellt die Frage, inwieweit das Schicksal durch eigenes kreatives Tun beeinflußt werden kann. Die mysteriöse Figur, möglicherweise ein Himmelsbote, erklärt sich nie, sondern fordert die Frau nur heraus. Diese soll durch ihre kreative Schaffenskraft nicht nur die Welt vor dem Dahinsiechen durch Vergeßlichkeit und Vergessenheit bewahren, sondern ihrem eigenen Leben einen neuen Stoß geben. Anhand der phantastischen Botenfigur schafft Carroll eine Parabel, die im Zentrum eine wichtige Kernaussage über die Kreativität bietet: kreativ kann nur der Mensch sein, der mit Freude schöne Dinge schafft. Sobald Geld im Spiel ist, versiegt die Quelle jeglicher Kreativität. Sie kann nur dann wieder zum Leben erweckt werden, wenn ihr ein neuer (positiver) Sinn verliehen wird. Die Protagonistin, welcher die Lust auf das Malen durch Furcht genommen wurde, bekommt durch die dem Guten dienende Anwendung ihres Talents einen neuen Schub. Carroll jedoch schließt diese Erzählung mit einem mahnend erhobenen Zeigefinger. Er warnt vor dem allgegenwärtigen Bösen, das allzugerne bestimmte Dinge in Vergessenheit geraten lassen möchte. Die Zerstörung des menschlichen Kulturguts und das einhergehende Vergessen der guten und schönen Dinge würde das Ende der Welt bedeuten. Trotzdem aber erkennt man hier einen der wenigen Lichtblicke innerhalb der Carrollschen Phantastik, denn zum ersten Mal erlaubt er einer seiner Figuren, von den Ereignissen zu profitieren.

Ähnlich kontemplativ beschäftigt sich die Erzählung »The Moose Church«, die, wie etwa auch »Mr. Fiddlehead«, Bestandteil eines längeren Werkes ist, mit unserer existentiellen Suche nach der Antwort auf die Fragen über das Leben und den Tod, und deren Sinn an sich. Carroll beschreibt die schmerzvolle Beschäftigung mit diesen Themen anhand der Figur des Ian McGann, der tatsächlich in Träumen, die er gelernt hat selbst zu manipulieren (sogenannte »luzide Träume«), diese Fragen an einen ihm dort erscheinenden, vor Jahren verstorbenen Freund richten kann. Carroll postuliert dabei, daß unser Erfahrungshorizont nicht ausreicht, um die Antworten auf unsere Fragen überhaupt verstehen zu können. Ian trägt schmerzhafte Blessuren davon, die er aus seinen Träumen mit in die Realität hinüberzieht, da er den Antworten zwar immer näher kommt, diese aber nicht begreifen kann. Die Suche wird für ihn zur lebensbedrohlichen Reise, wobei nicht nur er die Suche an sich fast zu einem Kreuzzug oder gar einer ständigen Selbstgeißelung stilisiert, sondern besonders seine Begleiterin, Miep, ihn gerade wegen seiner aufopfernden Beständigkeit als Heiligen verehrt. Somit läßt sich der Titel auch als ironischer Kommentar verstehen. »Moose Church«, die verballhornte Übersetzung des Ortsnamens »Mooskirchen«, scheint dem Erzähler ganz und gar nicht abwegig: »Dann dachte ich, warum zum Teufel, auch nicht - die Leute beten alle möglichen Dinge auf dieser Welt an. Warum sollte es keine Kirche zur Verehrung von Elchen geben. Oder besser, eine Religion für sie.«[5] Trotzdem der Suchende dem Ziel immer näher kommt, wird er letztendlich, gemäß den Regeln des von Carroll geschaffenen bisher skizzierten Kosmos, die Antworten auf seine Fragen nur im Tod bekommen. Carroll bemüht sich, uns die Grenzen unserer Natur aufzuzeigen, indem er uns die Sinnlosigkeit einer solchen Suche nach der Antwort auf alle Fragen mit bitterer Ironie unterlegt darbietet.

In der Erzählung »The Art of Falling Down« ist das korrumpierende Element zwar kein phantastisches, erwächst aber aus einer Situation mit einem solchen. Die Herausgeberin der Anthologie *Walls of Fear*, in der »The Art of Falling Down« erstmals erschien, ordnet diese Erzählung drei Kategorien zu. Zu allererst sei sie eine Erzählung in der Tradition klassischer amerikanischer Literatur, danach eine phantastische Erzählung und zu guter Letzt eine Erzählung mit latentem Horrorinhalt.[6] Ich würde aber vor allem noch eine wichtigere vierte Kategorie dazunehmen, nämlich die der amerikanischen Initiationserzählung.

Es ist nicht das erste Mal, daß sich Carroll diesem Thema gewidmet hat. In seiner ersten publizierten Erzählung »The Party at Brenda's House«, die überhaupt kein phantastisches Element enthält und ganz offensichtlich stark von J. D. Salinger beeinflußt zu sein scheint, schilderte er schon den Eintritt eines Jugendlichen in eine Erwachsenenwelt, die im krassen Gegensatz zum bisherigen recht naiven - eben jugendlichen - Erfahrungshorizont des Ich-Erzählers geschildert wird. Zentral ist nicht die Beschreibung des Gegensatzes, sondern die einfühlsame Schilderung der Erkenntnisphase, die der Junge durchlaufen muß. Sorgfältig zeichnet Carroll ein Portrait dieses Jungen, der sich schon, im Gegensatz zu seinen Gefährten, in einem aufkommenden Erkenntnisprozeß befindet. Er beginnt (ansatzweise), die Dinge zu hinterfragen, Gefühle zu entwickeln, die ihm bisher unbekannt waren. Den endgültigen und irreversiblen Schritt in die nächste Station seines Lebens tut er durch die Konfrontation mit der harten Realität der Erwachsenenwelt. Brendas Vater hat sich tatsächlich an ein junges Mädchen »rangemacht«. In seiner jugendlichen Naivität hatte der Junge bisher diese Verhaltensweise des Vaters scherzhaft entschuldigt, »[...] weil wir alle wußten, daß er es nicht wirklich meinte.«[7] Zusammen mit den anderen Dingen, die sich schrittweise in seinem Leben verändert haben, muß er nun das Leben ernster und realistischer betrachten, seine ungezwungene und jugendlich-energische Art ablegen. Brendas Mutter hat ihren Ehemann einfach mit der Schrotflinte aus beiden Läufen ins Gesicht geschossen. Ähnlich hart trifft dieses Ereignis unseren Ich-Erzähler. Sein Übertreten in diese harte Welt besiegelt er durch einen anonymen Brief an Brenda, in der er sich schlicht entschuldigt - warscheinlich für seine bisherige Naivität.

Der achtjährige Ich-Erzähler, der uns in »The Art of Falling Down« eine Begegnung mit dem homosexuellen Photographen Robert Layne-Dyer schildert, wird nicht durch einen Gewaltakt, sondern durch ein einziges Wort aus seiner kindlichen Lebenssituation hinauskatapultiert; und genau dies ist auch der zentrale Kern der Geschichte. Interpretiert man den Titel, abweichend vom Inhalt, bezogen auf den Ich-Erzähler, dann wird dieser nicht in positivem Sinne mit der Erwachsenenwelt konfrontiert und schlicht und einfach in die nächste »Stufe« gestoßen, sondern er fällt, mit Betonung auf »abwärts«, ohne Vorbereitung in eine Welt, die er gar nicht recht begreifen kann. Carroll bereitet diesen Moment sorgfältig vor. Er lullt den Leser mit der vermeintlich zentralen Geschichte des todkranken Photographen ein. Dieser hat immer häufiger auftretende Anfälle, in denen er bewußtlos zusammensinkt. Die Kunst, die er dabei erlernt hat, ist, sich in dieser vermeintlich letzten Lebenssekunde sozusagen blitzlichtartig alle Dinge, die er mit dem Auge erfassen kann, zu merken, damit er nicht ängstlich dahinscheiden muß. Dann präsentiert uns Carroll das sofagroße Modellhaus des Photographen in einem Hinterzimmer. Dieses Haus, deren detailreiche Miniaturteile nur der Photograph sehen kann, ist ein in die Wirklichkeit hineinprojiziertes Modell der eigenen Persönlichkeit. Die aufgebaute phantastische Grundstimmung, das erfürchtige Staunen des kleinen Jungen wird dann aus heiterem Himmel durch ein einziges Wort zerstört : »fuck«. Dieses allgegenwärtige, jedem von uns geläufige amerikanische Schimpfwort nimmt der Junge vollständig in sich auf; es verdrängt das eigentlich Wesentliche - des Photographen Erklärung hinsichtlich der immensen Bedeutung des Hauses - völlig. Das Magische des Todes und großer Geheimnisse, wie Carroll es durch den Ich-Erzähler ausdrücken läßt, wird erschlagen durch das magisch-geheimnisvolle und tabuisierte Schimpfwort. Am Ende steht ein kleiner Junge vor einem Spiegel im heimischen Badezimmer und rezitiert den neuen Ausdruck in allen erdenklichen Variationen und Anwendungsmöglichkeiten. Ohne daß Carroll es in Worten ausdrücken muß, wird dem Leser klar, daß sich die Weltsicht des Kleinen völlig verändert hat. Und dies nicht aufgrund der wesentlich wichtigeren Erkenntnisse des Photographen, die dieser sozusagen auf »phantastischem Wege« erlangt hat, sondern der real greifbaren Geheimnisse der Erwachsenenwelt.

Die Erzählung »Die Herbstkollektion« hat bisher Frank Duwald in einem Werküberblick in der Zeitschrift *Science Fiction Media* am treffendsten beschrieben:

»[...] 'The Fall Collection' (1989) ist eines [der] zutiefst anrührenden Meisterwerke, die nicht oft zu finden sind. Ein unheilbar krebskranker Mann zieht die Bilanz seines Lebens und stellt fest, daß ihm die frustrierende Gleichförmigkeit seiner Vergangenheit den Tod nicht allzu schwer machen wird, doch die schmerzende Ironie der Geschichte besteht darin, daß er in Wirklichkeit gar nicht der Langeweiler ist, für den er sich immer gehalten hat. Je näher der Tod kommt, desto intensiver blüht der Gezeichnete auf, und so ist er bald sogar dazu fähig, einer 'wirklich aufregenden und vor Leben sprühenden Frau' etwas zu bieten. 'Sie liebte ihn, sagte sie. Sie hatte nie jemanden gekannt, der so nett und doch so interessant war. Staunend sah er ihr zu, wie sie weinte und konnte sein Glück kaum fassen.'«[8]

Das Glück kommt, wie bei Carroll üblich, viel zu spät, trotz des letztendlich lebensbejahenden Einblicks in die eigene Persönlichkeit. Von einer Erkenntnis kann hier keine Rede sein, denn der Protagonist glaubt immer noch, daß Glück der entscheidende Faktor in der Verbesserung und momentanen Erfüllung seiner Existenz gewesen sei. Diese Weigerung Carrolls, dem arg gebeutelten Mann ein über ein Glücksgefühl hinausgehendes Erlebnis zu gewähren, verstärkt den subtilen pessimistischen Grundtenor der Erzählung, den Carroll erzähltechnisch zu verstecken versucht hat. Dieser Tenor bricht immer dann hervor, wenn Carroll mit dem Motiv der Maske spielt, hinter der sich der vermeintlich uninteressante Mann verstärkt zu verstecken sucht. Die Maske, die seinen bevorstehenden Tod vor den Menschen verbergen soll, entwickelt fast ein Eigenleben. Der Mann lügt sich selbst etwas vor und erkennt sein Leben nicht als das, was es in der Realität ist: ein letztendlich künstliches Konstrukt. Das kurze Lebensglück zu Ende der Erzählung kann nicht verhindern,daß »[...] das Kartenhaus, das sein Leben war, zuerst zu wackeln und dann zu fallen begann und schließlich in sich zusammensackte [...].«[9]

Kreativität, Lebenslüge und Wunschvorstellung verquicken sich in einer anderen Erzählung, »Florian«. Der geplagte Vater, ein Schriftsteller, schreibt nach dem Tod seines Sohnes eine Geschichte, die im Kern das Wesen seines verstorbenen Kindes bewahren soll. Solange die Geschichte noch nicht fertiggestellt ist, muß sich der Mann nicht in letzter Konsequenz mit dem Tod des Kindes abfinden. Realität und Phantasie vermischen sich so weit, daß beides austauschbar wird. So auch im Kopf des Lesers, denn eine Interpretation könnte auch genau die entgegengesetzte Richtung einschlagen: ein glücklicher Vater schreibt eine Geschichte über den Tod seines Sohnes. Die Erzählung lebt vor allem durch ihre Ambivalenz, denn Carroll hält durch sie den Spannungsbogen aufrecht. Auch wenn die Auflösung nicht für jeden zufriedenstellend ist, so bietet sie doch den Lesern viel mehr als es gewöhnliche Erzählungen zu tun in der Lage sind: sie regt zum mehrmaligen Lesen an, fordert die geistige Auseinandersetzung mit dem Inhalt. Genau diese Aspekte machen gute Literatur aus.

Auch »Postgraduate« erfährt ihren Reiz durch eine solche Ambivalenz. Erinnert hat mich diese Erzählung etwas an »Ein Vorfall an der Eulenfluß-

Brücke« von Ambrose Bierce. Dort hatte sich die vermeintliche Flucht des Protagonisten vor dem Tod durch Erhängen in einer äußerst grausamen (und weltbekannten) Schlußpointe als letzter Lebensgedanke herausgestellt. Hier ist es der zweiunddreißigjährige Louis Kent, der sich, scheinbar in einem Traum, als Jugendlicher in seiner Schulzeit wiederfindet. Dieser Traum beginnt allerdings zunehmend bedrohlich zu werden; man sieht in ihm nur den Jungen, obwohl Louis sein Alter beteuert und seine Lebenserfolge wiederholt vorbetet. »Der Traum hatte ihn zu sehr eingezogen und drückte die Wirklichkeit aus ihm heraus [...]«[10], schreibt Carroll, und läßt den Leser immer heftiger am Geisteszustand seines Protagonisten zweifeln. Als auch noch Louis' letzter Rettungsring hinweggefegt wird, da ihn seine Frau nicht als den Mann erkennen will, der er in seiner wirren Verfassung glaubt zu sein, halten wir ihn für völlig geistesverwirrt. Nur eine fast beiläufige Schlußpointe zeigt uns den Weg hin zu einer möglichen Interpretation: zu guter Letzt beschließt der Mann in seiner Resignation, sich auf den bevorstehenden schulischen Debattierwettbewerb vorzubereiten, dessen Thema lautet: »Die Todesstrafe - ein Schritt vorwärts oder ein Schritt zurück?« In diesem Sinne hätten wir eine fein gesponnene Modernisierung der obengenannten Erzählung von Bierce, wobei Carroll ebenso behutsam das grausame Ende - der Mann ist tot oder im Sterben begriffen - vorbereitet hat. Im Vergleich zu Bierce hat Carroll allerdings weitere Ebenen hinzugefügt, um den Leser zu verwirren: die angedeuteten wiederkehrenden Träume des Mannes, das Spiel mit der Tochter, die zwar seine Tochter zu sein scheint, aber den Realitätsbruch hinsichtlich der vermeintlichen Ehefrau nicht verhindern kann, die ihn eher wie ihren Sohn behandelt. Dieses Verwirrspiel wird zwar nicht annähernd so wild getrieben wie in »Florian«, dient aber auch in seiner Subtilität der Struktur der Erzählung. Die phantastische Ebene mit ihren Elementen erinnert teilweise eher an eine klassische Episode der amerikanischen Fernsehserie *Twilight Zone*, steht einer solchen aber kaum nahe. Carrolls wiederholter Einsatz dieser Elemente zur Zerstörung seiner Protagonisten steht im krassen Widerspruch zu Rod Serlings Intentionen: dieser versuchte meist das genaue Gegenteil zu erreichen. Das Mystische und Unbegreifliche bekommt in dieser Erzählung jedoch ein dunkles, gefahrenreiches Flair. Der Mensch geht in ihm unter.

In der preisgekrönten Erzählung »Friend's Best Man« weitet Carroll diese Zerstörungskraft auf die ganze Menschheit aus - diese wird zu Ende der Geschichte der nahezu völligen Ausrottung preisgegeben. Nur einige Menschen dürfen überleben, und dies nur, weil sie in ihrem Leben Gutes getan haben. Diese weitgehend moralisierende Geschichte von der Notwendigkeit, anderen Geschöpfen Gottes, den Tieren, mit Respekt und auch Zuneigung zu begegnen, enthält im Kern jedoch einen balancierenden Teil, der diese Aspekte anhand zweier Personen, einem unheilbar kranken Mädchen und einem behinderten Mann (sowie dessen Hund), auch auf die Menschen bezieht. Anhand der Dreierbeziehung Mann - Freundin - Mädchen exerziert Carroll eben diese Forderung vor: während zwischen dem Mann und dem kranken Mädchen eine respekt- und verständnisvolle Beziehung herrscht, zeichnet der Autor eine von Unsicherheit und Mißtrauen geprägte zwischen dem Mann und seiner Freundin. Daß die Eckpunkte dieser Beziehungen maßgeblich von seinem Hund beeinflußt werden, leitet stetig in eine verzerrte Realität über, die Carroll meisterhaft zu zeichnen versteht. Wieder ist es die Ambivalenz, die regiert. Der Autor deutet phantastische Ereignisse an und läßt sie von seinen Figuren anzweifeln und bestreiten. In diesem Hin und Her wird eine Stimmung geschaffen, in der die Schlußszene mit den schemenhaften Umrissen der vielen vorbeiziehenden Vögel den Leser dazu verleitet, die phantastische Grundprämisse - die Tiere übernehmen die Herrschaft über die Menschen - nicht anzuzweifeln.

Auch an einer Psychopathen-Erzählung hat Carroll sich versucht. In der Weihnachtsausgabe der nun schon seit geraumer Zeit eingestellten englischen Horrorzeitschrift *Fear* wurde im Dezember 1989 »Tired Angel« bezeichnenderweise mit dem Wort- und Assoziationsspiel »A Christmas Carroll« auf der Titelseite angepriesen. Carroll hat in dieser Erzählung eine zeitgemäß härtere Gangart eingeschlagen und widmet sich ganz den verworrenen Gedankengängen eines Voyeurs, der seine Phantasien nicht mehr im Zaum hat. Nachdem er eine Frau namens Toni monatelang mit dem Fernglas ausgespäht hat, schreitet er nun zur Tat. Doch wie sollte es bei Carroll anders sein, die richtige Toni erreicht nicht die Perfektion der im Protagonisten über lange Zeit gewachsenen Traumvorstellung. Er beginnt sie psychisch zu foltern, bis sie überraschend Selbstmord begeht. Das Besondere an dieser Geschichte hinsichtlich Carrolls Gesamtwerk ist die äußerst kühle und berechnende Perspektive des Protagonisten, der völlig gefühlskalt und ohne jegliche Regung die unmenschlichsten Dinge tun kann. Somit nimmt er innerhalb der bisher erschienenen Erzählungen eine Sonderstellung ein, denn alle anderen Protagonisten und Figuren hatten wenigstens menschliche Wärme zu bieten, auch wenn sie ihnen im Laufe der Geschichten manchmal abhanden kam; der »müde Engel« dieser Geschichte ist das genaue Gegenteil und daher umso überzeugender porträtiert.

Im Vergleich zu den bisher dargestellten Erzählungen wirken einige weitere in dem Sammelband des Suhrkamp Verlages eher wie bessere Fingerübungen, wobei leider insbesondere der erhobene Zeigefinger hier zu stark zum Tragen kommt. Da wäre zum ersten »A Bear in the Mouth«, in der uns Carroll unseren Umgang mit dem Geld anhand eines in einen Geldschein verwandelten Mannes näherbringen möchte. Das Schlußplädoyer für einen zweckgebundenen Umgang mit unseren Zahlungsmitteln, um damit Gutes zu tun, erscheint doch recht naiv. Insbesondere da uns Carroll erst ein Eigenleben des Geldes zu erklären versucht, dann daraus schlußfolgert, man müsse dem Geld nur beibringen, daß mit ihm Gutes getan werde, um schließlich unseren Protagonisten als exzentrischen armen Spinner durch die Weltgeschichte irren zu lassen. Durch die teilweise eher humoristische Darstellung dieser Verwandlung verliert die Geschichte auch ihre Aussagekraft, denn die Richtigkeit des Kerns wird keiner von uns ernsthaft bestreiten wollen.

Mit einem ähnlich lächelnden Auge schildert uns Carroll in »The Jane Fonda Room« die wahre Hölle; einen infernalischen Raum, in dem es für unseren Herabgestürzten nur noch Jane-Fonda-Filme zu sehen gibt. Die Geschichte besteht leider fast ausnahmslos aus genretypischen Versatzstücken - die Hölle als fast angenehmer Ort ähnlich einem Flughafenterminal; die nette, freundliche Behandlung der Sünder; die sich von der ersten Zeile an ankündigende Schlußpointe. Ein völlig mißglückter Versuch, eine an sich interessante Kernaussage schlagkräftig umzusetzen. Diese besagt, daß wir uns in der Jugend und im jungen Erwachsenenalter für Dinge begeistern können, die später nach und durch ständige(n) Wiederholungen zur Monotonie und schließlich zu existentiellem Horror ausarten können. Hier haben wir aber nur kurz gelächelt, und denken über die Erzählung nicht weiter nach.

Auch der Geschichte »My Zoondel« gelingt es nicht, die an sich bedenkenswerte zentrale Idee gewinnbringend umzusetzen. Die Möglichkeit, anhand eines Hundes mit der mysteriösen genetischen Anlage, in einer bestimmten Phase seines Hundelebens böse Menschen erkennen zu können und dies seinen Besitzern per gelblich leuchtenden Augen mitzuteilen, endet mit einer nicht gerade überraschenden Generalthese über das Böse im Menschen. Daß die meisten normalen Menschen zu Gewalttätern werden können, ohne daß sich dieses in ihrem Lebenslauf bisher angedeutet hat, ist beileibe keine weltbewegende Neuigkeit. Interessanter wäre es hier eventuell gewesen, die Möglichkeiten mit all ihren psychologischen Fallstricken auszuloten, die sich einem Menschen mit derartigen Kenntnissen böten.

Ein ähnlicher Fehlschlag scheint mir die in der Zeitschrift *Omni* erschienene Erzählung »The Life of My Crime« zu sein, die äußerst vielversprechend beginnt. Carroll skizziert hier eine Haßbeziehung zweier Männer, die sich eigentlich kaum kennen, allerdings seit frühen Jugendjahren in einem antagonistischen Verhältnis zueinander stehen. Dieses Verhältnis wird allerdings nur von dem Erzähler Harry Radcliffe erlebt, der sich Zeit seines Lebens von der unehrlichen Persönlichkeit des Gordon Epstein abzusetzen und abzugrenzen versucht hat. Immer wieder beggnen sich diese zwei Personen im Laufe ihres Lebens, und jedesmal bestätigt sich Radcliffes Einschätzung: Epstein ist ein Opportunist, der sich mit seinem einschmeichelnden Wesen und seinen für Radcliffe unerträglichen Lügen forsch durchs Leben bewegt und sich wiederholt aus beruflichen Tiefs aufzuschwingen weiß.

Carroll zeichnet die Beziehung der beiden Männer äußerst realistisch, um dann fast unmerklich auf eine phantastische Ebene überzuleiten, die, im Rückgriff auf die zerstörerische Kraft des Phantastischen, Epstein zu Boden zwingt, indem sie das Zentrum seiner Persönlichkeit angreift: Er ist fortan unfähig zu lügen, ohne daß die Unwahrheit der Welt offenbar wird. Somit wird Epsteins Lebensnerv getroffen und sein Überleben in Frage gestellt.

Radcliffe erkennt dieses Dilemma und entwickelt sich dadurch zu einer Figur in Carrolls Gesamtwerk, die viele Grundthematiken in sich vereint, und der im Unterschied zu vielen anderen Charakteren in den Erzählungen sogar eine Erkenntnis des Dilemmas, in der sie sich befindet, zuteil wird. Epstein hätte auf diesem Wege die Quintessenz Carrollscher durch phantastische Ereignisse zerstörter Persönlichkeiten werden können, wären da nicht die in die Erzählung eingeströmten humoristischen Elemente, die das Leseerlebnis eher stören als fördern. Zu sehr drängt sich eine gedankliche Verbindung zu den amerikanischen EC-Comics auf, deren Figuren auch das bekamen, was sie verdienten, sprich, deren Charakterzüge sich letztendlich gegen sie wandten beziehungsweise gegen sie verwendet wurden. *Poetic justice* dominiert diese Erzählung und versperrt den Weg zu einer tieferen Einsicht in Carrolls literarische Welt, in der das Zusammenspiel von Realität und Phantastik eine existentielle Gestalt annimmt, die in »The Life of My Crime« nur karikiert wird.

Die letzte Erzählung, die es zu erwähnen gilt, ist »The Dead Love You«, die ohne Zweifel Jonathan Carrolls verwirrendstes Werk ist. Alles beginnt harmlos mit einem Verkehrsunfall, in den die Protagonistin verwickelt wird. Der andere in den Unfall Verwickelte ist ein unsympathischer und sich im Verlauf der Erzählung zunehmend mysteriöser gebender Albino namens Bruce Beetz. Später im Schlaf träumt sie von dem Mann, nun ein siebenjähriger Junge. Als sie aufwacht, findet sie ein Spielzeugauto neben sich, das dem Unfallauto bis auf das letzte Detail gleicht. Ab diesem Punkt windet sich die Geschichte von einer Überraschung in die nächste. Bruce Beetz ist in Wahrheit John Cray, oder besser Joanna Cray, die mit ihrer lesbischen Freundin den Unfall inszeniert hat. Später tötet die Protagonistin Johns/Joannas Gefährtin und... An einer Stelle schreibt Jonathan Carroll in dieser Erzählung: »Habe ich Sie verwirrt? Gut! Haben Sie noch ein wenig Geduld, und bald werden Sie alles erfahren. [...] [I]ch möchte, daß Sie jetzt die Stirn runzeln, daß Sie wissen, daß mit Ihrem Fallschirm etwas nicht in Ordnung ist, ehe Sie wirklich die Reißleine ziehen und beten, daß er sich öffnet. P.S.: Er wird sich nicht öffnen.«[11] Tut auch nicht, und der Leser stürzt buchstäblich ab. Die Geschichte ist auch nach mehreren Interpretationsversuchen nicht wirklich greifbar.

Aber genau dies macht die faszinierendsten Momente bei der Beschäftigung mit Jonathan Carrolls Erzählungen aus. Zwar läßt sich vieles in seinen Werken entschlüsseln, am Ende bleibt aber immer der kleine Rest Ungewißheit, der den Leseprozeß so reizvoll gestaltet. Den oben gemachten Ausführungen werden viele Leser nicht folgen wollen, denn in ihrem Geiste haben sie wahrscheinlich ganz andere Bilder und Geschichten gesehen, und Jonathan Carroll wäre wohl der letzte, der dies ändern wollte. Somit bleibt dem Leser keine andere Wahl, als sich selbst intensiv mit diesen Erzählungen auseinanderzusetzen, zu versuchen, die Reißleine doch noch zu öffnen. Meistens gelingt dies, und Carroll bietet seinen Lesern einen wunderschönen Flug. Manchmal aber läßt er sie auch bewußt abstürzen, um sie herauszufordern und zu provozieren. Letztendlich gehört er somit in meinen Augen zu den letzten Schriftstellern, die heute noch Literatur für den Menschen schreiben, und nicht für phantasielose Geschöpfe, die des Denkens schon vor langer Zeit überdrüssig geworden sind...

---

1 Jonathan Carroll, »Mr. Fiddlehead«, erschienen in: Jonathan Carroll, *Die panische Hand* (Frankfurt am Main: Suhrkamp, 1989), S. 19.
2 Jonathan Carroll, »Die panische Hand«, erschienen in: Jonathan Carroll, *Die panische Hand*, a.a.O., S. 21.
3 Jonathan Carroll, »Viertel nach dir«, erschienen in: Jonathan Carroll, *Die panische Hand*, a.a.O., S. 90.
4 Jonathan Carroll, »Die Tücke des Subjekts«, erschienen in: Jonathan Carroll, *Die panische Hand*, a.a.O., S. 78f.
5 Zitiert nach dem mir vorliegenden Manuskript.
6 Kathryn Cramer in ihrem kleinen Vorwort zu Carrolls Geschichte. Erschienen in: Kathryn Cramer (Hrsg.), *Walls of Fear* (New York: Avon, 1991), S. 91.
7 Jonathan Carroll, »Die Party bei Brenda«, erschienen in: Jonathan Carroll, *Die panische Hand*, a.a.O., S. 101.
8 Frank Duwald, »Jonathan Carroll: Im Land des Lachens«, erschienen in *Science Fiction Media*, April 1991.
9 Jonathan Carroll, »Die Herbstkollektion«, erschienen in: Jonathan Carroll, *Die panische Hand*, a.a.O., S. 67.
10 Jonathan Carroll, »Zurück auf die Schulbank«, erschienen in: Jonathan Carroll, *Die panische Hand*, a.a.O., S. 59.
11 Jonathan Carroll, »Die Toten lieben dich«, erschienen in: Jonathan Carroll, *Die panische Hand*, a.a.O., S. 123.

Michael Engelbrecht

Literarische Fischsuppe

und Blumen aus Afghanistan

Zu Besuch bei Jonathan Carroll

Jonathan Carroll zählt neben Ernst Augustin, Urs Widmer, Ror Wolf und Lars Gustafsson zu meinen lebenden Lieblingsschriftstellern des Phantastischen. Sie alle verbindet eine behutsame Leichtigkeit in todernsten Situationen, ein Humor als lustvoll betriebene Überlebensstrategie und ein ganz eigenwilliger Sound: jeder Tanz auf der Rasierklinge verwandelt sich unter ihren Händen in ein fröhlich wucherndes Heilkraut gegen das tumbe, selbstgefällige oder gequälte Wahrnehmen der Welt. In meiner Erinnerung hat Jonathan Carroll einen großen Kopf und die athletische Struktur eines Mittelgewichtsboxers. Das erste Pressefoto, das der Suhrkamp Verlag in Umlauf brachte, vermittelte den Eindruck eines soliden städtischen Bankangestellten; Bela Borsodis Fotokunst lotete die dunklen Ecken und Rundungen seiner Physiognomie aus. Die Wahrheit, also das wahre Gesicht, liegt wohl nicht in der Mitte, sondern, wie immer, anderswo. Da lassen sich nicht die beliebten Klischees zimmern vom schlafwandelnden Seelentaucher, der alles Dunkel-Dräuende Wort und Haut werden läßt oder vom sympathischen Verrückten, der nicht mehr »alle Tassen im Schrank« hat und daraus seinen elan vital bezieht. Nein, hier ist auch kein Forscher des Doppel- und Dreifachbödigen am Werk, der das Okkulte zum Selbstzweck macht und unseren Alptraumgelüsten einige »abgedrehte« Scripts anbietet. Es gibt genug Geschwätzigkeit und Stephen Kings auf dieser Welt. Das kernige, dunkle Timbre seiner Stimme paßt gut zur Prägnanz und Klarheit seiner Aussagen; das Nebulöse der falschen überirdischen Dutzendtöne hat keine Chance! Dementsprechend strahlen die Wohn- und Arbeitsräume des Jonathan Carroll eine schlichte, fast kühle Eleganz aus. Seine Frau Beverly ist eine feine, grazile Erscheinung und wohl der einzige Engel am Ort, der nicht durch Unsichtbarkeit glänzt. Das folgende Interview entstand im August 1989 in Wien.

Wilde Ich-Entwürfe

Michael Engelbrecht: Eine Reflektion von realem Leben und Kunst taucht in all deinen Romanen auf...

Jonathan Carroll: Jeder in meiner Familie war in die Kunst verwickelt. Am bekanntesten ist wohl mein Halbbruder, der Komponist Steve Reich. Meine Mutter war Broadway-Schauspielerin, mein Vater Drehbuchautor, auch mein anderer Bruder war Schriftsteller. Wenn man in solch einer Umgebung aufwächst, hinterläßt das Spuren. In meinem eigenen Fall war es so, daß ich bis zum fünfzehnten Lebensjahr ein jugendlicher Gesetzesbrecher war, immer Ärger mit der Polizei hatte. Der Charakter des Bobby Hanley in *Voice of our*

Shadow ähnelt sehr stark meinem Ich der damaligen Zeit - deshalb [lacht] fühle ich auch soviel Sympathie für ihn. Lange Zeit war ich das schwarze Schaf, aber mit einem Mal begann mein Interesse an Büchern, am Schreiben...

Michael Engelbrecht: Und dein wildes Ich verwandelte sich in die verwirrende Welt deiner Romanfiguren?

Jonathan Carroll: Es ist ganz im Sinne meiner Bücher, die Verrücktheiten des eigenen Bewußtseins und Unbewußten herauszulassen. So entsteht eine Wirklichkeit jenseits der vertrauten Dimensionen, was stets zu Kontroversen geführt hat. So beklagten sich etliche Leute über *The Land of Laughs*; es sei eine wundervolle Liebesgeschichte, eine wundervolle Geschichte über einen Typ, der mit seinem berühmten Vater klarkommen will - aber warum lasse ich all diese Geistwesen und sprechenden Hunde auftreten? Diese Art der Mischung irritiert viele. Auf der anderen Seite gibt es jede Menge von politischen *Bildungsromanen* und Gespenstergeschichten. Stephen King mag es besser machen als viele andere - wenn man sowas will. Ich will es nicht. Und ich möchte auch keine langweiligen *sensitiven* Romane schreiben, bin kein psychologischer Schriftsteller in diesem Kontext...

Michael Engelbrecht: Wahrscheinlich haben manche Leser Angst, sie könnten sich in der Gegenwart sprechender Hunde auf einem nicht-seriösen Gebiet bewegen.

Jonathan Carroll: Als *Sleeping in Flame* in den USA erschien, rief mich meine Agentin an und sagte: »Du hast die höheren Weihen erhalten!« Ein einflußreicher Kritiker hatte mein Buch sehr positiv rezensiert - und wir haben beide gelacht. Was habe ich anders gemacht als in den Jahren zuvor? Nichts. Keiner stört sich bei Berühmtheiten wie Marquez an alten Männern, die Engel sind. Und bei mir taucht ein Engel als kleines schwangeres Mädchen auf - oder Rumpelstilzchen. Warum? Sie sind einfach da...

Michael Engelbrecht: Und du beziehst Bewußtseinszustände ein, die vielen *phantastisch* vorkommen, obwohl sie jedem auf natürlichem Wege zugänglich sind. Mir fällt da die Erzählung »Postgraduate« ein, in der die Hauptfigur während des Traums erkennt, daß sie träumt und ihr Wachbewußtsein im Traum aufrechterhalten wird.

Jonathan Carroll: Wenn auf die Leinwand deines Unbewußten Cartoons projiziert werden, kann darin etwas Bedeutsames liegen, und es ist oberflächlich, dies bloß als *spaßigen Traum* abzutun. Als ich das Buch von Stephen LaBerge las [*Hellwach im Traum*], das du mir zugeschickt hast, war meine Reaktion: *natürlich, das ist wahr!* Zwar habe ich luzide Träume bisher nur im Ansatz gehabt, aber in vieler Hinsicht sind sie Prozessen tiefer Meditation verwandt, die ich täglich übe. Da geht man sehr weit - und ist in einem anderen Territorium, es ist kein Ausflug ins Kino, kein Flugzeugtrip in ein anderes Land. Mit meiner Meditation strebe ich Ruhe an, einen Überblick. Ich will mein Leben nicht übermäßig kontrollieren, aber ich will auch nicht, daß es soweit aus den Fugen gerät, daß ich nichts mehr verstehe.

Michael Engelbrecht: Auch die Akteure deiner Romane überprüfen oft ihre eigene Wirklichkeit. Walker Easterling will in *Sleeping in Flame* die Fehler, die zum Scheitern seiner ersten Ehe geführt haben, nicht wiederholen. Zu seiner eigenen, schmerzhaften Überraschung ist dies nur ein Teil seines Entwicklungsprozesses...

Jonathan Carroll: Viele geben sich mit einer bestimmten Stufe des Okay-Seins zufrieden: *ich bin jetzt okay, ich brauche nicht weiter zu gehen.* In Walkers Fall ist es so, daß er unter dem Fluch seines Vaters steht und diesen Konflikt erst erkennen und auflösen muß, bevor er sich in der *Alltagswelt* weiterentwickeln kann.

Michael Engelbrecht: Seit deinem dritten Roman *Bones of the Moon* tauchen bestimmte Personen immer wieder auf, wie alte Freunde, sie werden immer realer...

Jonathan Carroll: Zur Zeit schreibe ich an Nr. 4 dieses Quintetts, der Roman wird *Outside the Dog Museum* heißen; er erzählt die Geschichte des Architekten Harry Radcliffe - sie ereignet sich einige Jahre, nachdem Walkers Geschichte zu Ende gegangen ist. Harry ist gerade in Wien und besucht Walker und seine Frau Maris. Es ist ein Wachsen in verschiedene Richtungen. Ich möchte einfach wissen, wie es mit ihnen weitergeht. Am Ende von *Sleeping in Flame* kommt Rotkäppchen zu ihrer Tür, und die drängende Frage von Walker und Maris ist: *was passiert mit unserem Kind?* Nun, ich werde es euch - und mir - erzählen. Und egal, ob ich in der Zeit gewachsen oder geschrumpft bin, ich habe ein Bild von ihnen; schließlich sind sie Teile von mir - das Licht im Spiegel, das zurückgeworfen wird...

Fiktion-Drehtür-Wirklichkeit

Michael Engelbrecht: Durchdringen sich Phantasie und Realität nicht hin und wieder aufs seltsamste?

Jonathan Carroll: Tatsächlich ereignen sich fremdartige Dinge und Synchronizitäten. In *The Land of Laughs* entdeckt der Kinderbuchautor Marshall France seine Macht, leert seine Stadt durch Sabotageakte und bevölkert sie schließlich mit seinen eigenen Geschöpfen. Die Stadt, die das Modell für diese Geschichte abgab, war ein Städtchen in Missouri, 500 Einwohner, und vor gut 10 Jahren - der Roman war gerade fertig - kam die US-Regierung und besprühte die Straßen mit Dioxin, um die Insekten unter Kontrolle zu halten. Es wurde gerade entdeckt, was Dioxin wirklich anrichtet - und die US-Regierung mußte jedes einzelne Haus der kleinen Stadt kaufen - es ist nun eine absolute Geisterstadt! Ein anderes Beispiel: ich hasse Horrorfilme, sie sind gefährlich, und meine Abrechnung mit dem Genre ist wohl einer der Hintergründe für *A Child Across the Sky* gewesen. Während ich den Roman schrieb, brauchte ich die Idee für einen dieser *Mitternachts*-Filme, und ich schrieb eine erste, imaginäre Szene nieder. Kurze Zeit später läutet das Telefon. Ich mag keine Anrufe am späten Abend - sie machen mich nervös. Ich nehme den Hörer ab, es ist Clive Barker, Englands *Stephen King*. Er fragt mich, ob ich Lust hätte, einen Horrorfilm zu machen und darin Regie zu führen. Du weißt, in *A Child Across the Sky* geht es um einen Regisseur von Horrorfilmen. Wirklich nicht, sagte ich. Er war beharrlich und wollte eine Idee. Also nahm ich das Papier, das ich eine Stunde zuvor beschrieben hatte und las es ihm vor. Großartig, sagte er. Solche Dinge passieren oft. Ich will damit aber keine Ideen von anderen Mächten unterstützen...

Michael Engelbrecht: Ich würde zu gerne Weber Gregstons Meisterwerk sehen, seinen Film *Wunderbar* - oder Nicholas Sylvians *Opa Suppe*...

Jonathan Carroll: Mir haben schon viele Leute erzählt - und ich habe es als großes Kompliment aufgefaßt -, daß sie nach der Lektüre von *The Land of Laughs* in einen Buchladen gegangen sind und sich nach den Kinderbüchern von Marshall France erkundigt haben. Mein Buch ließ sie glauben, diese Bücher würden wirklich existieren.

Die Kartoffelchips eines alten Schamanen

Michael Engelbrecht: Auf der Zugfahrt von Dortmund nach Wien las ich *Die Lehrgeschichten des Milton Erickson* [hrsg. von Sydney Rosen]. Erickson hat die moderne Hypnose in ihren Möglichkeiten enorm erweitert. Zu seinen Hauptstrategien gehörte das Erzählen von Geschichten, die im Trancezustand die Blockaden des Bewußten umgehen und kreative Handlungen fördern. Er erzählt seinen Leuten etwas über das Harken eines Kartoffelbeetes, über

Kakteen in der Wüste - und zu ihrem eigenen Erstaunen verändern sie sich. Und - wie *dein* Schamane Venasque - er bringt den Leuten das Schwimmen bei...

Jonathan Carroll: Ich habe noch nie von ihm gehört; aber ob Erickson oder Venasque den Menschen das Schwimmen lehrt: beide teilen etwas mit, von dem wir denken, daß wir es wissen, ohne es zu wissen. Beim Fahrradfahren lernt man, sich zu zentrieren, aber oft bezieht man diese Fertigkeit nur auf den Gegenstand *Fahrrad* und isoliert so die Erkenntnis. *Mein* Schamane Venasque ist vielleicht die bedeutsamste Figur in meinen Romanen; seit *Sleeping in Flame* erscheint er in jedem Buch. Dauernd erzählt er Witze, Anekdoten, verwirrt seine Zuhörer. Der englische Schriftsteller David Hare hat einmal etwas gesagt, was mein Gefühl zu Venasque *auf den Punkt bringt*: »Ich möchte gerne entdecken, was ich denke!« Laß ihn mich von einem anderen Blickwinkel beschreiben: in den 60er Jahren fand - wieder einmal - die Entdeckung östlicher Religionen und Meditationsformen statt; die Beatles waren daran beteiligt, Timothy Leary und andere. Eine der Sachen, die ich daran nicht mochte, war, wie heilig diese Lehrer oft erschienen: jeder verbeugte sich vor ihnen, tat ehrfürchtig, was ihm aufgetragen wurde. Und hier sitzt Venasque, dieser alte Jude, vorm Fernseher, ißt Kartoffelchips und erfreut sich an *Miami Vice*. Der einzige heilige Mann, den ich im Leben traf, war ein Sufi-Meister, unauffällig gekleidet mit einem grauen Wollpullover, und ob du es glaubst oder nicht: da ging etwas vor in diesem Raum! Er war sehr freundlich, und eines der wenigen Dinge, die er zu mir sagte, war: »Kitzel deinen Bruder!« »Ihn kitzeln?« »Ja, kitzel ihn!« Also ging ich hinüber und begann meinen Bruder zu kitzeln - und jeder im Raum begann zu lachen, am lautesten der Lehrer. Gurdjieff sagt, daß wir meist auf einer Ebene schlafender Bewußtheit agieren. Und wen immer du hier anführst, Ouspensky, Erickson, Venasque: die Unwilligkeit von uns, sich auf den Weg jenseits des Vertrauten zu machen, ist absurd. Aber so entsteht ein Teil des Ärgers, den manche mit meinen Büchern haben...

Boomhaha - Wege der Erkenntnis

Michael Engelbrecht: Für uns ist es halt oft am bequemsten, kleine Wahrheiten schön verpackt serviert zu bekommen. Diese *Zieh-dich-selbst-aus-dem-Sumpf-Bücher* mit ihren simpel gestrickten Erfolgsformeln haben mich immer abgestoßen. Wie kann ohne Verwunderung und Irritation überhaupt etwas auf einer tieferen Stufe verarbeitet werden?

Jonathan Carroll: Jemand erzählt dir eine Anekdote - und du verstehst sie nicht. Einige Zeit später - *zak!* -fängst du an zu lachen. Ahh, darum geht es! Wissen kommt wohl seltener wie eine Offenbarung daher, es kommt *bäng!* Die Erkenntnis bahnt sich ihren Weg durchs Gehirn, durchs Herz, durch die Genitalien, rückwärts, seitwärts, du zögerst - *häh?* - und der Prozeß geht weiter in deinem Gefühlsleben, deinem Sexleben, in deinen Träumen, und dann *boom haha* - nun verstehe ich es: man kann diese Klarheit nicht mit der Steuerzentrale des Gehirns allein erlangen, dem Ich-Punkt hinter der Stirn!

Michael Engelbrecht: Und oft versuchen wir diese gewundenen Wege abzukürzen, indem wir unser Glück mit der Erfüllung bestimmter Wünsche gleichsetzen. Auch deine Romanfiguren handeln sich manch Unerwartetes ein mit der Erfüllung ihrer Wünsche.

Jonathan Carroll: Gibt es nicht in jeder Sprache eine ähnliche Wahrheit: das Schlimmste, was einem passieren kann, ist, daß ein Traum sich nicht erfüllt. Wann immer mir jemand erzählt, daß sein Traum sich erfüllt hat, bin ich äußerst skeptisch. Wir haben oft absurde Ideen im Kopf: alles wird großartig sein, wenn X eintritt! Aber die Person, deren Wunsch erfüllt wird, unterscheidet sich nicht von der Person, die den Wunsch hatte. Je mehr Erfolg ich als Schriftsteller hatte, umso größere Konfusionen tauchten auf. Aber ich hatte niemals gedacht, daß es *diese* Art der Verwirrung sein würde. Ich dachte an Rosen, aber was ich bekam, war eine Abart fremdartiger Blumen aus Afghanistan.

Michael Engelbrecht: Was es mir leichter macht, mich auf die fremdartigen *afghanischen Blumen* in deinen Büchern einzulassen, ist ein wacher Humor, mit dem du deine Figuren - auch in den widrigsten Umständen - beschützt.

Jonathan Carroll: Als ich mit dem Schreiben anfing, sagte ein Freund über eine Passage eines meiner im-Stillen-geborenen, also nie veröffentlichten Romane: »Ich lache hier nicht.« Und er hatte recht: ich brauche den Humor als ein Gegengewicht, der die Story vorantreibt. Es passieren darin so bizarre Dinge, daß es höllisch wäre, würde jeglicher Humor fehlen. Ich finde Leute, die überhaupt keinen Sinn für Humor haben, höllisch. Man macht einen kleinen Spaß, und alle schauen einen mit versteinerten Gesichtern an. Das macht mich fertig.

Michael Engelbrecht: Als ich vor Jahren *Lösegeld für einen Hund* von Patricia Highsmith las, spürte ich geradezu, wie ich von Kapitel zu Kapitel depressiver wurde...

Jonathan Carroll: Deshalb mag ich auch ihre Ripley-Romane nicht. Ich weiß, daß viele Menschen sich selbstsüchtig verhalten und kein Vertrauen verdienen. Aber ein durchschimmernder Humor macht auch das dunkelste Territorium betretbar.

Michael Engelbrecht: Zu diesen dunklen Gebieten zählen auch frühere Inkarnationen, durch die manche deiner Charaktere »stolpern«.

Jonathan Carroll: Eines der zentralen Bücher meiner jungen Jahre stammt von einem Schüler des russischen Mystikers Gurdjieff. Ouspensky schrieb über das seltsame Leben des Ivan Arsekin. Da wandert einer durch die frühen Inkarnationen seiner Seele und begeht dabei stets die gleichen Fehler. Endlich begreift er, daß er die Vergangenheit nicht verändern kann. Wieviel Lebensenergie geht bei solchem Verzagen und Bekümmertsein drauf?! Ach hätte ich doch dies oder jenes nicht getan. Du hast es getan, es ist vorbei. Schuld ist ein langweiliger Freund. Dieselbe Platte ertönt wieder und wieder in deinem Kopf. Es tut gut, sich dieser inneren Stimme zuzuwenden und ihr mitzuteilen: »Okay, ich habe gehört, was du sagtest, siebenhundertmal und mehr. Wenn du mir nichts Neues zu erzählen hast, sei ruhig.« Ein Freund von mir, ein Analytiker, erzählte mir von einem bedeutsamen Wandel seines therapeutischen Handelns. Er hörte nämlich auf, seinen Klienten zu sagen: »Laß uns herausfinden, warum du deinen Vater haßt.« Nun sagt er: »Gut, du haßt deinen Vater. Laß uns nach vorne schauen.«

Michael Engelbrecht: Nun, ich habe von vielen Menschen gehört, die durch echte oder eingebildete Begegnungen mit früheren Verkörperungen weitere Schuldgefühle angehäuft haben. Dagegen ist Walker Easterlings Erleben alter Ich-Zustände sehr mutig. Er schaut sich dunkelste Passagen seiner Seelenwanderungen an und gerät in Erstaunen, nicht in Verzweiflung.

Jonathan Carroll: Ja, was Reinkarnationen betrifft, kann es nur heißen: lerne daraus, und bewege dich weiter. Was ist der Clou, wenn man einmal herausgefunden hat, daß man ein ägyptischer Sklave war? Ich war nie besonders an diesen Wurzeln interessiert. Ein Teil meiner Familie stammt aus Rußland. Die Tatsache, daß einer meiner Großväter möglicherweise ein Hühnerdieb in Minsk war, hilft mir für mein Leben wenig.

Michael Engelbrecht: Damit umzugehen lernen, aus der eigenen Routine gerissen zu werden - das gilt sicher auch für deine Erfahrungen beim Schreiben. So wie ich dich und deine Bücher erlebe, gehörst du nicht zu den Autoren, die den Plot ihrer Romane bis ins letzte Kapitel vorstrukturieren und sich dann mit abgekühltem Kopf an die Ausführung machen.

Jonathan Carroll: Bestimmt nicht. In *Bones of the Moon* hatte ich lediglich den ersten Satz: »Der Axtmörder wohnte eine Treppe tiefer.« Als ich ihn niederschrieb, fragte ich mich, wer sagt das, Mann oder Frau, wo leben sie? Und so beginnt die Geschichte sehr langsam, mit den introspektiven Kommentaren der Frau über ihr bisheriges Leben. Als ich diesen Teil des Buches geschrieben hatte, flog ich urlaubshalber nach Griechenland. Mitten im Flug machte es plötzlich *Rumps!*, ein Luftloch, und ich schaute hinunter zum Meer, und dieser Satz kam mir: »Ich weiß noch, früher war das Meer voller Fische mit geheimnisvollen Namen, Schlammracke, Kornschwitze, Yasmuda...« Ich wußte sofort, daß dies in die Geschichte einfließen muß, und langsam kam die Klarheit, daß diese Frau, Cullen James, fortlaufende Träume hat und der Satz ihr *Es war einmal* ist, ihre Art, uns in die Story zu verwickeln.

Michael Engelbrecht: Und du gehst nicht im Nachhinein nochmal ans Skript, um die Geschehnisse noch dichter miteinander zu verweben? Bei *Sleeping in Flame* laufen erst am Schluß sehr unterschiedliche Handlungsebenen zusammen...

Jonathan Carroll: Als ich das Buch schrieb, wollte ich, daß Maris York eine Künstlerin mit einem sehr speziellen Gebiet ist. Ich selbst bin an Architektur interessiert, und ein Freund wies mich auf eine Ausstellung hin, bei der LEGO berühmte Architekten aufgefordert hatte, LEGO-Gebäude zu designen. Als ich den Katalog in die Hände bekam, wußte ich: das ist's! Also wurde Maris berühmt für ihre LEGO-Städte. Erst am Ende, wenn Walker in den Computer schaut, kommt alles zusammen: Rumpelstilzchen, LEGO, die Vergangenheit - und obwohl ich ein eher langsamer Schreiber bin: die letzten dreißig Seiten schrieb ich über Nacht.

Michael Engelbrecht: Und Venasque hält sicher die größten Überraschungen parat?

Jonathan Carroll: Der Mann sagt wirklich Dinge, die jenseits meines bewußten Denkens sind. *Wow*, wo kommt das nun wieder her, frage ich mich oft. Meine verborgenen Gedanken und Ideen kann ich wohl am besten entwickeln, wenn ich von meinen Figuren überrascht werde. Einmal stellt Venasque Walker Easterling vor eine sehr schwierige Aufgabe, eine Sandburg ohne Wasser zu bauen. Tagelang war ich ratlos, aber ich wollte die Herausforderung, die er Walker stellte, annehmen - die Lösung war im Grunde sehr einfach.

Zwischen Mind-Fucking und Vision

Michael Engelbrecht: Eine Sandburg ohne Wasser, eine LEGO-Stadt, ein Seitenhieb auf Courbusier-Sessel in deinem letzten Roman...

Jonathan Carroll: ... was ich über neue Architektur erfahre - für *Outside the Dog Museum* befasse ich mich sehr ausführlich damit -, läuft oft auf *Des Kaisers neue Kleider* hinaus. Courbusier mag ja einer der berühmtesten Architekten des Jahrhunderts sein - ich war jedenfalls in Courbusier-Häusern, in Courbusier-Sesseln, und es ist erstaunlich, wie unpraktisch und ungemütlich viele seiner Schöpfungen sind. *Le corbu* nannten ihn manche - er war wohl sehr smart in der Art, sich darzustellen.

Michael Engelbrecht: Mit den Dekonstruktivisten dürftest du wohl auch Schwierigkeiten haben. Der New Yorker Peter Eisenhan hat mal einem jungen Ehepaar ein Haus eingerichtet. Das Schlafzimmer hatte zwischen den Betten ein großes Loch, so daß es im Dunkeln gefährlich werden konnte. Tatsächlich - ich glaube, seine Frau war hochschwanger, und die Wehen setzten ein - schreckte er einmal aus dem Schlaf hoch, fiel in den Spalt und klemmte sich ein. Die Feuerwehr mußte kommen, um ihn zu befreien.

Jonathan Carroll: Ich kenne einen der Dekonstruktivisten von *Coop Himmelblau*; also, es ist ganz interessant, sich das anzusehen; ich bin - wahrscheinlich zu meinem Glück - etwas traditioneller in meinen Vorstellungen. Aber ob es Architektur ist, Literatur oder Musik; ein bestimmter Intellektualismus erlaubt einem mit allem durchzukommen, wenn man es nur gut genug erklärt; und man muß clever sein, den Argumenten Paroli bieten, sonst sieht man wie ein Narr aus.

Michael Engelbrecht: So versucht auch Philip Strayhorn in *A Child Across the Sky*, seinen Horrorfilm mit einer geschliffenen analytischen Sprache aufzuwerten...

Jonathan Carroll: Genau, und sein Vater erkennt das. Erst ergreift man mit Weber Gregston für Strayhorn Partei, bedauert ihn für seine unglückliche Kindheit, seinen schlimmen Vater. Und plötzlich gerät eine Vorstellung ins Wanken, der Vater entspricht nicht länger dem Stereotyp des Lesers. Solche Verwandlungen und Perspektivwechsel liebe ich in Literatur und Kunst. Einer meiner Lieblingsmaler ist Eric Fischl. Man betrachtet seine Bilder, sie sind verstörend, realistisch auf ihre Weise, zugleich sehr *strange* - und man weiß nicht, was man davon halten soll. Ich denke, es ist sexy, ich denke, es ist gefährlich, ich denke, es ist provokativ, ich denke, es ist anziehend; seine Bilder sind wie ein großes Gulasch von Ideen [das Cover der deutschen Ausgabe von *Sleeping in Flame* zeigt *Barbecue* von Eric Fischl; Anm. d. Hrsg.]. Jenes Intellektualisieren erlaubt mir nicht, A-B-C-D-Ideen zu haben, es erlaubt mir nur Idee C. Und wenn ich damit nicht einverstanden bin: *raus hier!*

Michael Engelbrecht: Wie hast du denn da auf die frühen Arbeiten deines Bruders Steve Reich reagiert, ich denke da an »It's Gonna Rain« oder »Come Out«?

Jonathan Carroll: Nun, zuerst dachte ich: Mhm, ganz schön durchtrieben; da waren diese kurzen Bandschleifen eines schwarzen Predigers, der immer und immer wieder »It's gonna rain« sagte; aufgrund leicht unterschiedlicher Bandgeschwindigkeiten ergaben sich aber immer neue Kombinationen. Nun, es war mein Bruder, ich vertiefte mich in seine Musik, und es war alles andere als das Werk eines weiteren *Bullshit*-Artisten.

Michael Engelbrecht: Brian Eno hält »It's Gonna Rain« [veröffentlicht auf Steve Reichs *Early Works*, 1987] für ein zentrales Stück seiner musikalischen Karriere. Durch die Asynchronizität der Bandschleifen entstehen unvorhersehbare rhythmische Muster. Für Eno war es ein grundlegendes Experiment über die erstaunliche Vielfalt, die Wiederholung erzeugen kann. Und es stimmt, sehr seltsame Dinge passieren in deiner Wahrnehmung, wenn du dich auf dieses Stück einläßt.

Jonathan Carroll: Es mag sich ein bißchen nach Vetternwirtschaft anhören, aber mein Bruder Steve Reich, sonst extrem kritisch, mag meine Bücher, weil sie schwer einzuordnen sind. Im besten Falle, glaube ich, sind sie eine Bouillabaisse, aus verschiedenen Zutaten zubereitet, die dich in interessante Selbstgespräche verwickeln könnte, eine spezielle Gedankennahrung.

Michael Engelbrecht: Hundertprozentig einverstanden! Gewürzt mit dem Aroma seltener afghanischer Gebirgsblumen... Deine Romanfiguren hören oft Musik, Thomas Abbey ist ein großer Beatles-Fan. Maris York steht auf Screamin' Jay Hawkins und Tom Waits. Welche Musik magst du darüber hinaus?

Jonathan Carroll: Ich höre jede Menge Rock, Soul, Jazz, oft sogar, wenn ich schreibe, worüber sich meine Frau oft wundert. Das ist wohl nicht der Zen-Weg, aber es klappt gut... In der Art meines Musikhörens bin ich wohl ein vierzig Jahre altes Kind. Musik, zu der ich oft zurückkehre? Neben den Beatles sind da Paolo Conte und Randy Newman zu nennen, der norwegische Saxophonist Jan Garbarek, David Sylvian - ich liebe sein Stück »Taking the Veil« -, Nino Rotas Filmmusik für Fellini, Keith Jarrett. Ich schätze seine Pianomusik sehr, aber nicht sein Verhalten auf der Bühne; einmal sah ich ihn bei einem seiner Solo-Konzerte in Wien, und er war so arrogant: als ein Besucher zu spät kam, unterbrach Jarrett sein Spiel, stand auf und beschimpfte die Person. Also wirklich, das geht wohl zu weit. Genauso muß ich immer bei Tennisturnieren schmunzeln, wenn eine Stimme ertönt: QUIET, PLEASE! Da wird so eine Aura der kristallklaren Stille heraufbeschworen, weil ein großer Genius bei der Arbeit ist. Und wenn Keith Jarrett vor fünfhundert Menschen auftritt, dann sollte er die Verschiedenheit von so vielen Persönlichkeiten respektieren: warum soll da einer nicht zu spät kommen und sich die Nase schneuzen?! [An dieser Stelle stürmt ein großer Hund in Jonathan Carrolls Wohnzimmer].

Michael Engelbrecht: Oh, der Hund, der da gerade um mein Bein streicht...

Jonathan Carroll: ... beißt nicht, er riecht nur etwas seltsam. Das ist übrigens Nails, der Hund aus *The Land of Laughs*. Die deutsche Übersetzung hat aus ihm *Nagel* gemacht, klanglich wird ihm das nicht gerecht.

Michael Engelbrecht: Ich bin noch einen Tag in Wien - und in *Sleeping in Flame* beschreibst du einen magischen Ort hinter dem Lainzer Tiergarten...

Jonathan Carroll: Ich werde dir den Weg zeigen...

Uwe Vöhl

Das Land der Väter

Der Vater als Gott?

Angesprochen auf die Vaterfigur, die in seinen Romanen oft eine dominierende Rolle einnimmt, äußerte sich Jonathan Carroll in einem Interview einmal folgendermaßen: »Der Vater als Gott ist ein vorherrschendes Bild in meinen Büchern. Nun, ich bin kein religiöser Mensch, mein Glaube jedoch ist sehr stark, und ich denke, daß wir alle auf der Suche nach Ihm sind - sei es der Typ, auf dessen Knie man sitzt, sei es die Rolle, die man seinen Kindern gegenüber hat oder sei es die Religion. Mein Bild von Gott - und ich glaube sehr ernsthaft daran - ist das eines sehr intelligenten, äußerst gedankenverlorenen Charakters. Er nimmt teil an uns, denkt jedoch nicht daran sich einzumischen, wenn wir einmal die Treppe hinunterfallen... weil das eine gute Lektion ist. Das ist der Vater. Sehen Sie, ein guter Vater behält die Dinge im Auge, und wenn man in den Hintern getreten wird, dann ist das vielleicht gut für einen.«[1]

Dies ist, mit Verlaub, ein sehr bequemer Standpunkt, den Carroll - religiös verbrämt - ja nicht nur in diesem Interview vertritt, sondern dem er in seinen Romanen im allgemeinen und in *The Land of Laughs* im besonderen literarische Weihen verleiht. Holt man Carrolls Aussage aus religiösen Sphären herunter in die Ebene der banalen Wirklichkeit, zerplatzt sie wie ein Luftballon. Der Vater als Gott, der wenig - oder gar nicht - in die Erziehung seiner Kinder eingreift, ist ein höchst reaktionäres, inzwischen überholtes, aber in der Realität leider noch immer weit verbreitetes Vaterbild. Die klassische Psychoanalyse ging davon aus, daß der Vater im Leben seiner Kinder (insbesondere Jungen) erst ab dem dritten Lebensjahr Bedeutung erlangte (Bedeutung im Sinne als Rivale um die Gunst der Mutter und als Identifikationsfigur). Neuere Untersuchungen zeigen jedoch, daß Väter schon sehr viel früher für die Entwicklung ihrer Kinder von großer Wichtigkeit sind. Bedenkt man, daß es sich bei dem Verhältnis zwischen Mutter, Kind und Vater vom Tag der Geburt an um eine geradezu klassische Triade handelt, so liegt dies eigentlich auf der Hand. So ist die »primäre Mütterlichkeit«, die Fähigkeit, sich auf die Bedürfnisse des Säuglings einzustellen, ganz und gar nicht nur »naturgegeben«, sondern hängt, um es vereinfacht auszudrücken, auch davon ab, inwieweit der Vater die Fähigkeit und die Bereitschaft besitzt, der Mutter und dem Kind ein körperliches und seelisches Wohl- und Glücksempfinden zu ermöglichen.

Die Sozialwissenschaftlerinnen Sigrid Metz-Göckel und Ursula Müller haben 1985 in einer breitangelegten Untersuchung festgestellt, daß sich die Mehrheit der Väter dieser Aufgabe nur wenig stellt und sich gerade nach der Geburt eines Kindes verstärkt auf den Beruf konzentriert und zu Hause weniger verfügbar ist. Ausgestattet mit dem scheinbaren Wissen, daß sie in den ersten Jahren ihren Kindern sowieso nicht viel helfen können, machen sich viele Väter auf die Flucht - sei es in die tatsächliche oder, was viel öfter vorkommt, in die berufliche oder imaginäre (Hobby!). Bezeichnend dafür erinnert sich Thomas Abbey in *The Land of Laughs* an folgende Kindheitsepisode: »Als Junge saß ich immer mit meinem Bruder und meiner Schwester oben auf unserer mit rotem Teppich belegten Treppe und sah zu, wie die Eltern sich fürs abendliche Ausgehen zurechtmachten. Wir hatten dann schon die Schlafanzüge an und zottige braune Pantoffeln, und das Flurlicht berührte gerade noch unsere warmen Zehen. Die Eltern waren zu weit weg, als daß wir hätten verstehen können, was sie zueinander sagten, aber wir waren schläfrig und hatten es gemütlich, und sie sahen so elegant und schön aus. Das waren so ziemlich die einzigen Augenblicke, in denen ich in meinem Vater mehr sah als eben »meinen Paps«, der die meiste Zeit nicht da war und sich zu sehr anstrengte, uns gernzuhaben, wenn er mal da war.«[2]

Das Kind (Thomas) war also dann am glücklichsten, wenn es die Eltern glücklich wußte. Selbst wenn es die Eltern - verbal oder akustisch - nicht versteht und - auch im übertragenen Sinne - »zu weit weg« ist, um an dieser elterlichen Intimität unmittelbar teilzuhaben, so nimmt es doch dieses emotionale, non-verbale Gefühl der Sicherheit und Geborgenheit mit. Konkret gesagt: wenn der Vater »sich mal nicht aus dem Staub«, sondern die Mutter glücklich macht, fühlen sich die Kinder zufrieden und erfahren das »eine-Familie-Sein« unmittelbar.

Ein Vater kann aber nicht nur wesentlich die Voraussetzungen für eine glückliche Mutter-und-Kind-Beziehung beeinflussen, er kann seinem Kind bereits vom ersten Lebenstag an Wärme und Geborgenheit geben - wenn er sich eben nicht auf die passive Rolle des zuschauenden »Gottes« beschränkt.

Etwa mit einem Jahr lernt ein Kind, den eigenen Körper vom Körper der Mutter zu unterscheiden. Es interessiert sich immer mehr für seine Umwelt und entwickelt das Bedürfnis, intensiv Kontakt zur Objektwelt außerhalb der Dyade Mutter-Kind aufzunehmen. Gerade in diesem Lebensabschnitt braucht ein Kind eben keine Kuscheltiere, sondern »viel Vater«. Die Funktion des Vaters ist die, dem Kind zu helfen, die biologisch begründete enge Beziehung zur Mutter zu lockern (»Wenn Mama böse ist, gehe ich zu Papa.«).

Je vertrauter sich insbesondere Junge und Vater zum Zeitpunkt dieser frühen Triangulierung sind, umso leichter werden sich die notwendigen Loslösungsprozesse von der Mutter gestalten. Insofern nimmt ein Vater schon sehr früh Einfluß auf die frühkindlichen Konflikte seines Sohnes. Oder, um in Carrolls Worten zu sprechen beziehungsweise zu widersprechen: ist das Kind erst in den Brunnen beziehungsweise die Treppe hinuntergefallen, so hilft es ihm nicht weiter, wenn sein Vater sich als »Gott« betrachtet und einfach nur zuschaut. So gesehen war es eben nicht nur ein schreckliches, unausweichliches Schicksal, daß Ödipus seinen Vater Laios erschlug, sondern es hatte wohl auch damit zu tun, daß dieser ständig Wichtigeres zu erledigen hatte, als sich um seinen Sohn zu kümmern.

Seltsamerweise scheint sich Carroll dieses Dilemmas durchaus bewußt. Nicht von ungefähr wählte er für seinen Roman *The Land of Laughs* als Vaterfigur einen »Gott der Leinwand«, einen prominenten Filmschauspieler, bei dem alle Aspekte einer verkorksten Vaterfigur (was die Erziehung seines Sohnes betrifft) zum Tragen kommen. So fragt sich der Protagonist Thomas gleich zu Anfang »zum ersten Mal, ob France womöglich nur angeknackste Typen wie uns ansprach, puppennärrische kleine Mädchen in Krankenhäusern und Jungen, die seit ihrem fünften Lebensjahr zum Psychiater gingen und im Schatten ihrer berühmten Väter standen.«[3]

Marshall France ist jener Kinderbuchautor, der sowohl Thomas als auch die alsbald seine Geliebte werdende Saxony Gardner in deren Kindheit nachhaltig beeindruckte. Thomas und Saxony lernen sich bezeichnenderweise auf der Suche nach antiquarischen Ausgaben dieser Bücher kennen. Beide sind somit quasi auf der Suche nach den wenigen schönen Augenblicken ihrer trostlosen Kindheit. Einer Trostlosigkeit des Daseins, die sie auch als Erwachsene begleitet und aus der es als scheinbare Lösung nur die rückwärtsgerichtete Flucht in die Vergangenheit gibt.

Falsch ist in diesem Zusammenhang übrigens - einmal mehr - der »Waschzettel« in der Suhrkamp-Ausgabe, in dem es heißt: »Thomas Abbey, der als Sohn eines berühmten Schauspielers seit frühester Kindheit unter der Übermacht des Vaters gelitten hat, sucht in Marshall Frances Büchern Ersatz für die ihm vorenthaltene Zuneigung.«[4]

So einfach ist es nicht. Es ist eben nicht die Übermacht des Vaters, sondern die Ohnmacht des Kindes angesichts der väterlichen Vernachlässigung. Auch sucht er weder als Kind noch als Erwachsener in den Büchern den Ersatz für entgangene Zuneigung, sondern im Grunde die Bestätigung des (falschen) Vaterverhaltens: Auch der Kinderbuchautor erweist sich als Carrollscher »Gottvater«, der nicht so sehr das Wohl seiner »Kinder« als vielmehr (indem er sich seine eigene, widerspruchslose Welt erzeugt) seine eigene Bequemlichkeit und Macht im Sinne hat. Übrigens widerspricht die Carrollsche Prosa auch in der Figur des Marshall France seinen in oben zitiertem Interview gemachten Aussagen: Marshall France, der sich seine eigene Welt erschafft und somit dem Gottesbegriff am nächsten kommt, ist kein Gott, den man sich zum Anbeten wünscht. Im Gegenteil: Er ist ein Gott(Vater), der keinen Widerspruch duldet, und kein eigenes, von ihm losgelöstes, autarkes Leben erlaubt. Insofern erweist sich die Suche des Thomas Abbey als Sackgasse: auf der Suche nach dem Schriftsteller seiner Kindheit trifft er auf ein Abbild des geliebt-gehaßten Vaters. Nicht umsonst wirft Saxony die Frage auf, warum Thomas eigentlich über Marshall France und nicht seinen eigenen Vater eine Biographie schreibt: »Am Abend, zwischen Fernsehsendungen wie *Die Straßen von San Francisco* oder *Drei Engel für Charlie*, dachte ich manchmal auch an das Buch über meinen Vater. Seit Saxony das Thema angeschnitten hatte, war mir bewußt geworden, wie oft ich tatsächlich von ihm sprach und an ihn dachte. Buchstäblich jeden Tag tauchte wieder ein neues Stückchen Ektoplasma von Stephen Abbey auf, sei es eine Anekdote, einer seiner Filme im Fernsehen oder eine Eigenschaft von ihm, an die ich mich erinnerte, und die ich dann an mir selbst entdeckte.

Würde ich mir den Geist von Stephen Abbey selbst austreiben können, indem ich über ihn schriebe? Und wie würde meine Mutter reagieren? Ich wußte, daß sie ihn noch liebte, lange nachdem er sie durch sein indiskutables Betragen in die Flucht geschlagen hatte.«[5]

Diese Episode ist in mehr als einer Hinsicht bezeichnend: Thomas schaut permanent fern, wahrscheinlich, weil er sich seinem verstorbenen Vater dadurch am nächsten wähnt. Tatsächlich lesen sich die Passagen, in denen Thomas die alten Filme seines Vaters auf dem Bildschirm sieht, wie Liebeserklärungen. Der Fernseher fungiert als persönlich-unpersönliche Zeitmaschine in die eigene sentimentalisierte Vergangenheit. Indem der Akt des Fernsehschauens als selbstverständliche Begleiterscheinung des Alltags geschildert wird, ist die Beziehung zum Vater permanent vorhanden.

Thomas erkennt aber auch viele Eigenschaften des Vaters an sich selbst wieder: Jungen wünschen sich einen starken Vater. Wie sollen sie gegen ihre Mutter bestehen, wenn sich die Stärke des Vaters nicht im alltäglichen Familienleben erklärt? Ein Junge spürt, daß Männer über Macht verfügen, daß sie »draußen in der Welt« etwas sehr Wichtiges darstellen - wichtiger offenbar als das, was die Mama zu Hause erledigt. Nur ist dieses »etwas« so verdammt schwer auszumachen. Im Falle von Thomas' Vater reduziert es sich für seinen Sohn auf mehr oder minder annehmbare Filme. Typisch die Episode, in der sich Thomas erinnert, wie sein Vater ihn ein einziges Mal in »seine Welt«, die Welt des großen Studios, mitnimmt und ihn herumführt.

Der Wunsch eines jeden Jungen, sich mit seinem Vater zu identifizieren, um sich selbst zu finden, ist erwiesenermaßen auch dann vorhanden, wenn kein Vater da ist, oder wenn dieser emotional und zeitlich kaum zu fassen ist. Gerade dann nämlich wird die Identifikation mit der Vatergestalt durch überhöhte Idealisierungen und übertriebene Wunschbilder erreicht (auch im Roman genügt es dem Protagonisten nicht, einfach nur eine normale Biographie über den Kinderbuchautor France zu schreiben: nicht nur, daß Thomas mit dessen Tochter schläft und somit fiktiven Inzest (France = Thomas' Vater) begeht, nein, Carroll *muß* France als Schöpferfigur darstellen).

Auch mit der Figur der Saxony erschafft Carroll eine sehr interessante und ungewöhnliche, auf der anderen Seite jedoch widersprüchliche Figur.
Interessant insofern, als sie dem Klischee der Mädchen-Frau, der nicht erwachsen gewordenen Frau, entspricht, indem sie als Erwachsene Marionetten bastelt und sammelt. Puppenspiele sind in der Regel Mutterspiele. Im Puppenspiel inszenieren die Mädchen einen auf die Dauer vielleicht einengenden, aber dafür unverwechselbaren und leicht erkennbaren Aspekt ihrer geschlechtlichen Identität: wie ihre Mütter können sie Kinder zur Welt bringen. Und sie spielen eine Welt nach, die sie alltäglich erleben. Und was macht der Junge, der sich in diese Spielwelt quasi verirrt?
Im Falle Thomas Abbeys reagiert er verwirrt. Als er zum ersten Mal Saxonys Wohnung betritt und die Marionettenschnüre erblickt, bekommt er »fast einen Herzanfall.«[6]

Kleiner Exkurs über die Biographie

Das Wort Biographie erklärt sich aus dem Griechischen (*bios* = Leben, *graphein* = schreiben). Leben schreiben - nichts wäre treffender, um das Thema in *The Land of Laughs* auf den Punkt zu bringen: Nicht nur, daß der verstorbene Kinderbuchautor Marshall France mit seinem Schreiben sowohl fremdes als auch sein eigenes »Über«-Leben ermöglicht; auch Thomas Abbeys eigener trister Alltag erfährt durch das Schreiben der Biographie ungeahnte Energiestöße. Schreiben = Leben: eine Zauberformel, die der Protagonist nach und nach als Tor zum Glück für sich entdeckt.

In der Regel ist die Biographie als »Lebensbeschreibung« definiert. Sie verbindet die Darstellung des äußeren Lebensablaufs und der inneren Entwicklung eines Einzelmenschen mit der Betrachtung seiner Leistungen. Hauptaufgabe der Biographie ist »den Menschen in seinen Zeitverhältnissen darzustellen und zu zeigen, inwiefern es ihn begünstigt, wie er sich eine Welt- und Menschenansicht daraus gebildet, und wie er sie, wenn er Künstler, Dichter, Schriftsteller ist, wieder nach außen abspiegelt« (Goethe).

Als Lebenslauf (*vita!*) großer, auch künstlerisch-dichterischer Persönlichkeiten war die Biographie schon in der Spätantike verbreitet. Betrachtet man die Geschichte berühmter Biographen von Plutarch über Voltaire bis hin in unsere Zeit, so fällt auf, daß es so gut wie keine bedeutenden Biographinnen gab und gibt - insofern fällt Saxony tatsächlich aus dem Rahmen, indem sie - zumindest am Anfang - an der Biographie mitarbeitet und entscheidende Impulse gibt. Doch sie distanziert sich an der Stelle von dem Projekt, als die Identifikation von Thomas mit dem Thema am intensivsten wird: nach der bereits beschriebenen fiktiven Inzestszene.

Der Carrollsche Schluß liegt nahe: Gott ist ein Mann, also können auch nur Männer Biographien erschaffen (vergleiche *Die Bibel*!) - weil sie den letzten Schritt der totalen Identifikation eher zu gehen imstande sind als die Frau... Ohne die gelungene, weil im Grunde einzig folgerichtige, Pointe des Romans vorwegnehmen zu wollen, zeigt sich auch hier die schreckliche Auswirkung, einen Vater gehabt zu haben, der sich auf den passiven Gottesbegriff berief: es ist einer der wesentlichen und schmerzvollsten Entwicklungsschritte eines Jungen, wenn er herausfindet, daß er - um es simpel auszudrücken - seine Mutter nicht heiraten kann. In der Sprache der Psychoanalyse ausgedrückt: er muß Triebverzicht leisten. Um sich aus dieser Symbiose erfolgreich zu lösen, braucht er jedoch die Hilfe des Vaters.

Thomas Abbey, der diese Hilfe nie bekommen hat, geht den einzig logischen Weg: in der Verschmelzung mit seinem Vater umgeht er den Triebverzicht auf die schrecklichste Weise: Ödipus wird Laios - Laios wird Ödipus. Zusammen erst sind sie unschlagbar: »*Wir* haben [...] auf ihn gewartet [...].«[7]

Fazit

Widersprüchlich bleibt Jonathan Carrolls eingangs zitierte Aussage insofern, als er in *The Land of Laughs* minutiös die negativen Seiten seines vom ihm propagierten Vaterbegriffes aufzeigt. Die Vermutung liegt nahe, daß ihm dies noch nicht einmal selbst bewußt ist. Tatsächlich deutet vieles darauf hin, daß er das Problem auf das »Ich-habe-einen-berühmten-Vater«-Syndrom reduzieren will. So sagte er in einem Interview, das der *Rheinische Merkur* mit ihm führte: »Mit meinen Eltern wohnte ich im selben Gebäude wie Lauren Bacall, die Witwe Humphrey Bogarts, und ihre Kinder. Peter Bacall, einem Altersgenossen, begegnete ich oft zufällig. Jedesmal, wenn ich ihn sah, dachte ich daran, daß er immer im Schatten seiner Eltern stehen würde und sein ganzes Leben als der Sohn von So-und-so verbringen müßte.«[8]

Folgerichtig behauptet Carroll: »Der Roman handelt von einem Menschen, der versucht, Verantwortung zu übernehmen.«[9] Der Roman handelt von einem Menschen, der die Folgen eines »Drei-Minuten-Vaters« auszubaden hat, wäre sicherlich richtiger. In diesem Sinne nämlich ist es Carroll durchaus gelungen, ein gesellschaftlich relevantes Thema auf seine spezielle Art gleichermaßen glaubwürdig wie fesselnd bewußt zu machen - wenn auch nicht sich selbst.

Anmerkung:
In deutscher Sprache nicht vorliegende Zitate wurden vom Herausgeber übersetzt.

Anmerkungen

1 Pete Crowther, »Moonchild«/»Sky's Not the Limit« (2 Teile), erschienen in *Fear*, March 1989 und April 1989.
2 Jonathan Carroll, *Das Land des Lachens* (Frankfurt am Main: Suhrkamp, 1991), S. 86f.
3 Ebd., S. 19.
4 Ebd., S. 2.
5 Ebd., S. 149f.
6 Ebd., S. 18.
7 Ebd., S. 242.
8 Susanne Eiff, »Jonathan Carroll: Amerikaner, Lehrer, Schriftsteller - Ein ganz alltäglicher Phantast«, erschienen in: *Rheinischer Merkur / Christ und Welt*, 10. Juli 1987.
9 Ebd.

Ein Gespräch mit Jonathan Carroll

D.H. Olson

Hat der Erfolg Jonathan Carroll verdorben? Wahrscheinlich nicht. Er ist immer noch ein sehr privater Mensch, der die relative Ruhe des Familienlebens in Wien dem Gedränge und Treiben seines Heimatlandes vorzieht. Bezeichnender noch ist es, daß er es im Gegensatz zu vielen anderen Autoren ablehnt, seine Werke mit mehr als nur den grundlegendsten Methoden zu promoten - er zieht es vor, sie für sich sprechen zu lassen.

Das folgende Interview mit Jonathan Carroll wurde am 12. März 1991 per Telefon von Amerika nach Wien geführt. Es ist das erste Interview, das er jemals speziell einer amerikanischen Publikation spekulativer Literatur gegeben hat. Der Interviewer möchte sich noch einmal herzlichst bei Mr. Carroll dafür bedanken, daß er sich für dieses Interview von seinem geschäftigen Terminplan befreit hat, sowie auch bei Cindy Rako, aus vielen Gründen, jedoch insbesondere für ihre Arbeit an der Transkription und das Abtippen.

D. H. Olson: In früheren Interviews erwähnten Sie, daß Sie in Ihrer Jugend mit einer ziemlich harten Gang zusammen waren. Ist es richtig zu sagen, daß Sie so etwas wie ein Jugendkrimineller waren?

Jonathan Carroll: Ich denke, wenn Sie das »so etwas« weglassen, haben Sie den Nagel ziemlich genau auf den Kopf getroffen. Ich war ein ziemlich böser Junge. Ich wuchs in einer Stadt auf, die der, über die ich in *Voice of our Shadow* schrieb, sehr ähnlich ist, und viele meiner Freunde kamen später ins Gefängnis. Zwei von ihnen sind mittlerweile tot, sie wurden getötet - und, Sie wissen ja, manchmal ist man einfach das Produkt seiner Umwelt. Meine Eltern schickten mich fort, weil sie sich über das, was mit mir passierte, Sorgen machten. Deshalb war es eher ein erzwungenes von-zu-Hause-Weggehen als daß ich mich selbst dazu entschlossen hätte, obwohl ich im Nachhinein froh bin, daß sie mich fortschickten.

D. H. Olson: Sie sprachen von einigen Ihrer Freunde, die getötet wurden. Sind Sie selbst jemals diesem Schicksal nahegekommen?

Jonathan Carroll: Nun, die Polizei war oft sehr unglücklich mit mir. Haben Sie meine Novelle *Black Cocktail* gelesen?

D. H. Olson: Yeah.

Jonathan Carroll: Nun, dieser Typ Clinton Deix basiert auf jemandem, der bei einer Schießerei mit der Polizei getötet wurde. Was soll ich sagen? Wenn man mit solchen Leuten herumlungert, färbt etwas ihrer dunklen Magie ab, und man wird schlimmer als man es normalerweise wäre. Also - nein, ich war nie nahe daran, in solche Schwierigkeiten oder solche Gefahr zu geraten, aber es war schlimm genug. Wenn ich jetzt zurückblicke, wäre ich entsetzt, wenn mein Sohn, der jetzt zehn Jahre alt ist, in solch eine Situation käme.

D. H. Olson: Ist es richtig zu sagen, daß diese Erfahrungen eine entscheidende Wirkung auf Sie hatten, die sich auch in Ihrer Arbeit widerspiegelt?

Jonathan Carroll: Die Erfahrungen hatten eine zweiseitige Wirkung. Ich war viele Jahre lang Lehrer, und eines der Dinge, die mir als Lehrer wichtig waren, war es, zu versuchen, das, was ich lehrte, für die, die denselben Weg wie ich damals hätten gehen können, interessant zu gestalten. Nicht, daß Kinder, die in Wien leben, auch gleich Kriminelle werden, aber das Größte, das mir je passiert ist, war, plötzlich festzustellen, daß sich die Welt nicht um Sex, Drogen und Rock'n'Roll drehte, daß es andere Dinge gab und daß man einen sogenannten Verstand hatte, den man für wirklich schöne Zwecke nutzen könnte, wenn man es nur wollte. Und so erinnerte ich mich als Lehrer, wie meine Kindheit in dieser Hinsicht gewesen war, und natürlich auch beim Schreiben, in guten und schlechten Zeiten. Über die Jahre hin haben mich die Leute immer wieder gefragt, wieviel von dem, was ich schreibe, autobiographisch sei. Es kommt darauf an. Es gibt Geschichten aus meiner Vergangenheit, die ich in die Bücher einbringe, aber offensichtlich sind die Bücher so bizarr, daß man nicht mit einem ernsten Gesicht sagen kann: »Oh, ja, das ist mir wirklich passiert.« [lacht] Wie Sie wissen, ist es einfach zu bizarr.

D. H. Olson: Ihr Hintergrund als Jugendkrimineller ist besonders hinsichtlich der Tatsache interessant, daß viele Leute Sie als einen Yuppie-Schriftsteller ansehen. Warum, glauben Sie, haben einige Leute Sie mit diesem Label versehen?

Jonathan Carroll: Nun, ich denke, daß die Leute es mögen, jemanden in eine Schublade zu stecken. In Deutschland beispielsweise werden meine Bücher sehr gut verkauft, und sie nennen das, was ich schreibe »Hyperliteratur«. Betrachtet man einmal die Definition von »Hyper«, denkt man, die Handlung bewege sich über drei Dimensionen hinaus. Die Deutschen fühlen sich zufriedener, wenn sie meine Arbeit als »Hyperliteratur« bezeichnen, während die Leute in Amerika sagen, ich schreibe »Yuppieliteratur«. Ich meine, sehen wir der Sache ins Gesicht, die meisten von uns gehören der Mittelklasse an. Arbeitet man nicht gerade in der John-Deere-Fabrik, gehört man zur Mittelklasse und hat einen mittleren Managerjob oder etwas ähnliches, und dafür gibt es zufälligerweise den Ausdruck Yuppie.

D. H. Olson: Es fällt auf, daß viele Ihrer Charaktere Schriftsteller, Filmregisseure und ähnliche kreative Persönlichkeiten sind. Ist das die Art von Menschen, an die Sie sich aus Ihrer Kindheit erinnern, oder ist es eher eine Art Reflektion Ihrer gegenwärtigen Bekanntschaften?

Jonathan Carroll: Beides. Meine Kindheit war mit vielen Literaten ausgefüllt. Ich erinnere mich jedoch nicht mehr sehr genau an sie. Wenn ich zurückdenke, wer alles zu uns zum Dinner kam, erstaunt es mich ein wenig, nun, da ich weiß, wer sie waren. Aber ich lebe in Wien, ich schreibe Drehbücher und Romane, und so schreibe ich halt oft über Leute, die ich kenne. Ich glaube, daß viele Leute das bis zu einem gewissen Grad nicht mögen. Sie mögen dieses Glitzer- und Glamour-Zeug nicht, aber worüber soll ich schreiben? Über Sanitäter in Dubuque? Ich lebe dort nicht, und ich arbeite nicht im Gesundheitswesen. Einer der Gründe, warum Stephen King so erfolgreich ist, ist, glaube ich (obwohl ich ihn für einen superben Schriftsteller halte), daß er über »uns einfache Leute« schreibt. Menschen, die in Maine gerade so am Rande der Armut leben, nicht genug Geld haben. Die Menschen sprechen auf so etwas an. Wohingegen einige Leute eine Abneigung empfinden, wenn jemand über wohlhabende Menschen schreibt. Was soll's. So ist es eben.

D. H. Olson: In einem früheren Interview habe ich gelesen, daß Sie ein Interesse an Kindergeschichten haben, besonders an denen der Gebrüder Grimm. Ist das richtig?

Jonathan Carroll: Nein. Ich bin nicht besonders an Kindergeschichten interessiert, obwohl ich das wegen *The Land of Laughs* oft gefragt werde. Ich habe nicht gelesen, als ich ein Kind war. Ich habe erst mit dreizehn angefangen, aufmerksam zu lesen, so daß ich die ganzen Kinderbücher schon übersprungen hatte. Ich mußte zu ihnen zurückkehren, als ich *The Land of Laughs* schrieb, aber sie haben mich nicht sehr tief berührt. Ich kann verstehen, warum Kinder bestimmte Sachen darin mögen, und auch ich hatte meine Favoriten, aber ich würde Kinderliteratur nicht zu den Dingen zählen, zu denen ich noch einmal zurückkehren würde, weder für mich noch für meinen Sohn, es sei denn auf Wunsch.

D. H. Olson: Wann trafen Sie die Entscheidung, Schriftsteller zu werden?

Jonathan Carroll: Das geschah nicht in einem bestimmten Moment. Es ist diese langweilige Geschichte. Weil mein Vater Schriftsteller war, wollte ich natürlich keiner sein. Alles was er tat, wollte ich nicht tun. Sie wissen schon, Kinder, die gegen ihre Eltern rebellieren. Und dann, in der High School, als ich in der Oberstufe war, hatte ich die Idee zu einer Kurzgeschichte über eine Frau, die einen Hund findet und ihn am Ende tötet. Die Idee begeisterte mich dermaßen, daß ich mich einfach hinsetzte und die Geschichte niederschrieb. Als ich fertig war, war ich stolz auf mich, und als auch mein Lehrer sie mochte, war ich auf dem Wege.

D. H. Olson: Waren Ihre ersten Bemühungen zu schreiben, professionell erfolgreich?

Jonathan Carroll: Nein. Wie so viele Schriftsteller schrieb ich ein paar Romane, die niemand wollte. Ich erhielt aber immerhin einige nette Ablehnungsschreiben. Das Beste, was mir passieren konnte, war, als ich (ich war zwanzig oder einundzwanzig) eine ausgesprochen engagierte Agentin bekam, die mich all die Jahre bestärkte, indem sie sagte: »Hör nicht auf, gib bloß nicht auf. Mach weiter, früher oder später wird es klappen.« Das war der entscheidende Faktor, neben der Tatsache, außerdem noch eine gute Ehefrau zu haben. Die beiden waren es, die mich bei der Sache gehalten haben, denn wenn man sechshundert Manuskriptseiten oder zwei Romane geschrieben hat, und niemand sich dafür interessiert, kann das verdammt entmutigend sein. Wenn jedoch Menschen, die man respektiert, Vertrauen in das setzen, das man tut... Das war es jedenfalls, was mich weitermachen ließ.

D. H. Olson: Ihr erster veröffentlichter Roman war *The Land of Laughs*. Sie sagten gerade, daß es schon ein paar andere davor gab. Waren diese Romane derart problematisch, daß sie niemals mehr veröffentlicht werden, oder ist es möglich, daß sie oder Teile daraus irgendwann in der Zukunft erscheinen könnten?

Jonathan Carroll: Sie könnten, aber ich bin daran nicht mehr interessiert. Es ist so, als sehe man sich ein Fotoalbum mit Bildern von sich selbst aus den Sechzigern oder Siebzigern an, auf denen man bunte Hosen mit Schlag trug. Es amüsiert einen, ist aber letztlich peinlicher als alles andere. Und man will solche Kleidung mit Sicherheit nicht mehr tragen - niemals mehr. Die Romane, die ich vor *The Land of Laughs* schrieb, waren völlig anders als die Sachen, die ich jetzt schreibe. Sie waren viel realistischer, mit schwarzem Humor durchsetzt, sowas in der Art. Sie interessieren mich einfach nicht mehr. Ich habe sie vielleicht einmal in den letzten zehn Jahren angeschaut, und ich wurde von einer Reihe von Leuten angesprochen: »Dürfen wir sie bitte veröffentlichen?« Aber ich bin daran nicht interessiert.

D. H. Olson: Nach *The Land of Laughs*, 1980, erschien 1983 Ihr zweites Buch und 1987 Ihr drittes. Seitdem gab es vier weitere. Hat sich Ihre Leistungsfähigkeit dermaßen drastisch gesteigert?

Jonathan Carroll: Uh huh, hat sie. Ich glaube ernsthaft daran, daß uns nur ein bestimmter Grad an Energie im Leben gegeben ist, und ich bin der Meinung, daß ich - jetzt klopfe ich auf Holz -, solange ich genug Energie und Stimulation erhalte, so hart arbeiten und soviel produzieren sollte wie möglich. Ich bin jetzt Anfang vierzig, und ich hoffe, daß es noch anderthalb Jahrzehnte anhält. Die meisten Schriftsteller, egal wie gut oder wie schlecht sie sind, werden ein wenig müde, wenn sie Ende fünfzig, Anfang sechzig sind. Ich möchte nicht in dieses Alter kommen und sagen müssen: »Oh je, ich wünschte, ich hätte mehr Bücher geschrieben.«

D. H. Olson: Warum haben Sie das Ende von *Bones of the Moon*, welches zuerst in England erschien, für die amerikanische Ausgabe revidiert?

Jonathan Carroll: Mein Herausgeber in Amerika zu dieser Zeit war David Hartwell, der wahrscheinlich führende Herausgeber von Fantasy und Science Fiction in Amerika. David las das, was ich als fertiges Manuskript der britischen Ausgabe ansah und sagte: »Ich würde gern mehr darüber wissen, was über dein Ende hinaus mit den Charakteren geschieht.« Und nachdem wir ein paarmal um den heißen Brei herum geredet hatten, sagte ich schließlich: »Schau, das und das passiert.« Er sagte: »Okay, schreib noch einen Absatz und häng ihn dran.« Es wurde also lediglich ein Absatz hinzugefügt, um einen Herausgeber zufriedenzustellen, der meinte, es sei nötig, um die Geschichte abzurunden.

D. H. Olson: Seitdem Sie 1988 für »Friend's Best Man« den World Fantasy Award gewonnen haben, schreiben Sie deutlich mehr Kurzgeschichten. Liegt es daran, daß der Markt für Sie offener geworden ist, oder ist einfach Ihr Interesse an der kurzen Form gewachsen?

Jonathan Carroll: Ich schreibe Kurzgeschichten auf die Art und Weise wie andere Leute samstags ins Kino gehen. Einen Roman zu schreiben nimmt mich ein hartes Jahr lang in Anspruch. Es gibt dann Phasen, in denen ich es einfach satt habe. Genauso ist es, wenn man den Alltag satt hat und Samstag abends ins Kino geht, um einmal etwas vollkommen anderes zu sehen und sich ein wenig von seiner Alltagsexistenz abzukapseln. Sehr oft schreibe ich auf diese Weise meine Kurzgeschichten. Ich schiebe einfach den Roman beiseite, schließe für eine Woche meine Augen und weiß, es ist Zeit für eine Kurzgeschichte. Was mir daneben in letzter Zeit verstärkt passiert, ist, daß ich eine Kurzgeschichte schreibe und diese auf eine bizarre Weise in den Roman übergeht. Die Geschichte »Mr. Fiddlehead« in *A Child Across the Sky* schrieb ich, weil ich die Grundidee einfach mochte. Plötzlich jedoch erkannte ich, daß das etwas war, das perfekt zu Philip Strayhorns Plänen paßte, und auf einmal war »Mr. Fiddlehead« Teil dieser Geschichte. Das Ganze hat also einen erfreulich zweigleisigen Effekt.

D. H. Olson: Ihre erste Sammlung von Kurzgeschichten, *Die panische Hand*, ist gerade in Deutschland erschienen. Wann wird sie in englischer Übersetzung veröffentlicht?

Jonathan Carroll: Sie wird noch eine ganze Weile nicht auf englisch erscheinen. Sie wurde in Deutschland publiziert, weil der Markt für mich dort inzwischen derart gefestigt ist, daß der Verlag sagte: »Wir brauchen eine Kurzgeschichtensammlung als Gegengewicht zu den Romanen.« Ich selbst mag keine dünnen Bücher, obwohl ich grundsätzlich dünne Bücher schreibe. Als ein Buchkonsument mag ich es einfach nicht, hinzugehen und 18 Dollar für ein zweihundert Seiten dünnes Buch auszugeben. Deshalb war mein ursprünglicher Plan auch, noch einige Jahre zu warten, dann eine dreihundert oder vierhundert Seiten dicke Sammlung zusammen zu haben und zu veröffentlichen. Aber die Deutschen waren so hartnäckig, daß ich sagte, okay, das hier könnt ihr veröffentlichen. Als diese Neuigkeit in den englischsprachigen Bereich vordrang, wurde ich von einer ganzen Reihe von Leuten gefragt, ob ich denn jetzt endlich eine Kurzgeschichtensammlung publizieren werde. Ich sagte nein, ich werde an meinem ursprünglichen Plan festhalten, was eine englische Version betrifft, und solange warten, bis ich einen schönen Batzen zusammen habe.

D. H. Olson: Entstanden diese Geschichten in englischer Sprache, oder haben Sie einige in deutsch geschrieben?

Jonathan Carroll: Nein, ich schreibe nicht in deutsch. Mein Deutsch ist gut, aber nicht sicher genug, um in irgendeiner Art von Verve und Stil zu schreiben. Ich schreibe eine Filmkolumne für ein Magazin hier, namens *Ego*, aber auch die schreibe ich in englisch, was dann übersetzt wird.

D. H. Olson: Ein gemeinsames Element in Ihren Büchern ist das überraschende Ende.

Jonathan Carroll: Seit langer Zeit höre ich immer wieder Beschwerden über meine Enden, und wann immer mir eine zu Ohren kommt, gehe ich zurück und lasse mir die Kritik gewissenhaft durch den Kopf gehen. Wissen Sie, es ist so, als koche man Suppe. Einzig der Koch entscheidet letztendlich, wann es soweit ist, sie auf den Tisch zu stellen. Man kann seine Suppe auf dem Tisch fünf Leuten vorsetzen, und es ist möglich, daß alle fünf der Meinung sind, die Suppe sei noch nicht fertig. Aber tief drinnen fühlt man, vorausgesetzt man hat einen festen Willen: »Ich bin der Meinung, sie ist vollendet so, ich bin der Meinung, sie ist gut geworden, ich bin der Meinung, daß sie in Ordnung ist.« Und meine Enden... - ich versuche nicht, Ihnen den Teppich unter den Füßen wegzuziehen, aber wenn Sie lange genug in der Welt meiner Geschichten leben, wissen Sie, daß dort alles passieren kann. Deshalb ist es besser, Sie sind für den Fall vorbereitet, daß Sie ein Happy End erwarten. Nun, einige Leute sagten dazu, es sei billig, andere sagten, es sei verkehrt, aber sie scheinen zu verlangen, daß meine Bücher wieder auf der Erde landen wie ein Space Shuttle. Wenn man erst einmal durch die Hemisphäre gedrungen ist, bemüht man sich um eine sichere Landung auf der Erde, und genau die werde ich Ihnen nicht bieten. Obwohl ich sagen muß, daß das Buch, welches in England nächsten Monat und in Amerika kommenden Februar erscheinen wird - es heißt *Outside the Dog Museum* - das solideste Landung-auf-der-Erde-Ende aufweist, das ich jemals hatte. Aber ich tue so etwas nicht planmäßig, sondern es bahnt sich seinen eigenen Weg.

D. H. Olson: Es scheint Ihnen Freude zu bereiten, Erzähler mit ein wenig abweichenden Sichtweisen zu verwenden. Gewöhnlich sind es heterosexuelle Männer, aber Sie haben auch in der ersten Person als eine Frau (*Bones of the Moon*), als ein Homosexueller (*Black Cocktail*) und gerade auch als ein Psychopath (»Tired Angel«) geschrieben. Warum tun Sie das?

Jonathan Carroll: [lange Pause] C.S. Lewis sagte, daß er die Art Bücher schrieb, die er selbst gern gelesen hätte. Sehr oft, wenn ich schreibe, schreibe ich in einer Stimme, die mich interessiert. Sehr oft, wenn ich ein Buch beginne, starte ich einfach auf der Basis eines einzigen Satzes oder einer einzigen Idee. Der Anfang von *Bones of the Moon* lautete: »Der Axtmörder wohnte eine Treppe tiefer.« Ich wollte diesen Satz einfach als Anfang des Buches haben. Dann, als ich tatsächlich diesen ersten Satz zu Papier gebracht hatte, fragte ich mich: Wer sagt das? Wo wohnen sie? Wie alt sind sie? Was für ein Umfeld haben sie? - und so weiter, und so fort. Und so passierte es einfach ohne die geringste Vorplanung, daß eine Frau die Geschichte erzählte. Als ich in der Stimme Ingram Yorks *Black Cocktail* schrieb, wollte ich einfach der Welt durch die Augen eines Homosexuellen näherkommen, weil es halt ein anderer Blickwinkel ist als mein eigener. Das größte Kompliment, das ich mir überhaupt erhoffen kann, ist, daß entweder ein Homosexueller oder eine Frau zu mir kommt und sagt: »Ich habe dieses Buch gelesen und finde es überzeugend, und ich bin der Meinung, daß die Erzählperspektive, aus der Sie berichtet haben, wahr und glaubhaft war.« Mehr kann ich nicht verlangen.

D. H. Olson: Es ist bekannt, daß viele Ihrer Erzähler das sind, was ein Kritiker einmal als einen »unzuverlässigen« Erzähler bezeichnete. Gibt es dafür einen Grund?

Jonathan Carroll: Jeder Mensch, der eine Geschichte erzählt, ist unzuverlässig, auch wenn es derjenige ist, dem man am meisten vertraut, weil grundsätzlich jegliche Information durch seine Empfindungen gefiltert wird. Wonach ich Ausschau halte, sind die verschiedenen Variationen der Realität und der Wahrheit. Wenn man zum Beispiel *A Child Across the Sky* liest, ist für mich Weber Gregston der attraktivste und ansprechendste Erzähler, den ich je hatte, aber er ist sehr stark mit dem Makel behaftet, ein perfektionistischer Künstler zu sein. Philip Strayhorn, der ein völlig anderer Charakter ist, ist mehr oder weniger vertrauensvoller als der viel bewundernswertere Gregston. Es hängt einfach davon ab, aus welcher ihrer Perspektiven man die Sache angeht.

D. H. Olson: Viele Ihrer Charaktere tendieren dazu, von den Schrecken ihrer eigenen Vergangenheit heimgesucht zu werden, oft in Verbindung mit ihren Teenagerzeiten. Ist das ein Beispiel dafür, daß Ihre Autobiographie in Ihr Werk eingreift?

Jonathan Carroll: Keine Ahnung. Wissen Sie, ich wurde oft gefragt, ob ich meine Teenagerjahre in einem Horror-Haus verbracht hätte. Nein. Aber ich denke, eine Menge kommt daher, daß ich viele Jahre lang Teenager unterrichtete und dabei mitbekam, wie sie aufgrund ihrer Erfahrungen um sich schlugen und vernarbten. Wenn wir erwachsen werden, wird von uns einiges verlangt, das eigentlich nur auf der Basis von Lebenserfahrung getan werden kann. Unsere erste sexuelle Erfahrung, unsere ersten eigenen erzieherischen Versuche, die Abnabelung von den Eltern und der Schritt in die Unabhängigkeit. Betrachtet man es objektiv, sind wir einfach nicht alt genug, um mit diesen Erfahrungen fertig zu werden, egal wie vernünftig wir im Alter von fünfzehn, sechzehn oder siebzehn sind. Und daher gibt es zum Beispiel in meinen Büchern sehr viel Unglück in der High School oder den Jahren davor, aber ich denke, das ist so, weil es der Wahrheit entspricht. Meine Darstellung mag übertrieben sein, aber ich glaube, wenn man lange genug mit den Kids zu tun hat, begreift man, daß sie in vielen Fällen eine viel härtere, vom

Durchboxen geprägte Zeit erleben als wir, weil von ihnen viel größere Dinge verlangt werden als von den Erwachsenen.

D. H. Olson: Ihre Charaktere verfügen oft über verborgene Kräfte, Fähigkeiten, die ihnen selbst so lange nicht bewußt sind, bis sie dazu gezwungen werden, sie aus Notwehr zu gebrauchen. Ist das eine Idee, die für Sie eine Art grundlegender Faszination beinhaltet?

Jonathan Carroll: In den Büchern ist die Person, die für mich in diesem Kontext spricht, der Schamane Venasque, der auch in zukünftigen Bänden auftauchen wird. Wenn man eine Phrase wie »verborgene Kräfte« gebraucht, denken die Leute unglücklicherweise, man spreche über Merlin und den Zauberstab. Aber größere Kräfte haben auch etwas mit Intellekt, Sensibilität, Liebe, Güte und all diesen Dingen zu tun. Wenn wir wirklich, wie Gurdjieff sagt, in einem Zustand schlafender Wachheit herumlaufen, dann ist es eine Tragödie, weil es so viel mehr gibt, das ausgegraben werden könnte, hätten wir nur die Fähigkeiten dazu. Ich unterhielt mich einmal mit einem Freund, einem Psychologen, über Menschen, die überhaupt keinen Sinn für ein natürlich-physisches Gleichgewicht besitzen. Er sagte:»Oh, wenn man möchte, kann man es sich selbst beibringen, dieses Gleichgewicht zu steuern. Es gibt da eine Reihe von Übungen.« Etwas so Unbedeutendes und - in der Tat - Triviales. Man denkt sich, wenn wir ein physisches Gleichgewicht so leicht finden können, wenn wir offensichtlich ein spirituelles Gleichgewicht finden könnten, würde es die Dinge so viel lebendiger und klarer machen, aber wir denken nicht einmal daran, daß wir das gern tun würden, weil wir viel zu sehr damit beschäftigt sind, unseren schläfrigen Alltag zu leben.

D. H. Olson: Von Joe Lennox' literarischer Neuschöpfung seines großen Bruders in *Voice of our Shadow* zu Walker Easterlings Entdeckung seines ziemlich ungewöhnlichen Vaters in *Sleeping in Flame* bis zu Thomas Abbeys Adoption von Marshall France als eine Vaterfigur in *The Land of Laughs* scheinen viele Ihrer Charaktere nach unbekannten Eltern zu suchen. Tun Sie essentiell das gleiche, und, wenn es so ist, sagt das etwas über Ihre Kindheit aus, oder befinden Sie sich auf einer metaphorischen Suche nach etwas anderem?

Jonathan Carroll: Ich habe gerade Susan Sontags famosen Essay »Against Interpretation« zu Ende gelesen. Und eine wesentliche Sache, die Sontag zu sagen scheint, ist, daß es gefährlich sei, auf dieser Linie zu interpretieren, weil es letztendlich das, was wir interpretieren, verdunkelt. Nun, ich wurde in der Vergangenheit gefragt, ob ich eine schlechte Kindheit hatte. Ich wurde gefragt, ob ich Probleme mit meinen Eltern hatte. Mir wurden weitere Fragen gestellt, die diesen ähnlich sind. Ich glaube, daß es sich grundsätzlich so verhält, daß wir alle ständig die positiven Momente sowohl unserer Vergangenheit als auch der nahen Zukunft wiedererschaffen. Im Grunde genommen ist das nichts weiter als ein Täuschungsmanöver, um zu versuchen, die großen Antworten zu finden. Wenn ich zum Beispiel schreibe, daß Lennox eine schlechte Vergangenheit hatte, besteht das Problem mit Lennox darin, daß er sich nicht aus eigenem Antrieb aus seiner Vergangenheit wegschnippen und in die Zukunft bewegen kann. Er wird einfach aufs Schlimmste davon verfolgt. Das gleiche mit Abbey, der nicht aus dem Schatten seines Vaters herauskommt. Meine Einstellung als normaler Mensch dazu ist »Weitergehen, Kumpel!«, mit soviel Kraft wie man nur aufbringen kann. Ich weiß nicht, ob es sich lohnt, darüber hinaus zu interpretieren.

D. H. Olson: Ein anderes immer wieder erscheinendes Thema in Ihren Arbeiten ist scheinbar der Erwerb ewigen Lebens mit Hilfe künstlerischer Schöpfung. Oberflächlich betrachtet scheint das eine literarische Täuschung zu sein, es ist jedoch auch nutzbar, um sich mit Fragen auseinanderzusetzen, die sich auf das Leben, den Tod und sogar die Existenz und das Wesen Gottes beziehen. Ist das der Grund, warum Sie dieses Thema so oft gebrauchen?

Jonathan Carroll: Es gibt da einen Schriftsteller namens Alan Harrington, der vor Jahren ein Buch mit dem Titel *The Immortalist* schrieb, das mich stark beeindruckt hat. Es ist ein Sachbuch über unseren Versuch, die Unsterblichkeit in praktisch allem, was wir tun, zu finden. Einige Leute schnitzen ihre Namen in Tische und kommen dann fünf Jahre später wieder zurück, um zu sehen, ob ihr Name immer noch da ist. Andere Leute zeigen auf Fotos mit fünfhunderttausend Menschen in Woodstock und sagen: »Das bin ich.« Wieder andere Leute haben Kinder. Als Schriftsteller finde ich keinen Trost in der Tatsache, daß jemand eines meiner Bücher fünfzig Jahre nach meinem Tod lesen könnte. Ich denke, daß die einzige Unsterblichkeit, die man auf dieser Welt finden kann, in einer Art Zeitlosigkeit des Werks besteht, das man erschafft. Wenn ich mich zum Beispiel hinsetze, um zu schreiben und mich völlig darin vertiefe, gibt es kein Leben, gibt es keinen Tod, gibt es keine Zeit. Da ist schlicht der Prozeß, daß man etwas tut, das wunderbar ist, und ich glaube, das ist die absolut größte Erfahrung, die wir machen können. Deshalb liegt für mich eine Unsterblichkeit im Schreiben, weil Unsterblichkeit den Verlust der Zeit bedeutet, sei es nun der Verlust der Zeit für immer oder innerhalb der Stunden, in denen ich arbeite.

D. H. Olson: Seit der Veröffentlichung von *Bones of the Moon* neigen Sie dazu, Charaktere in Büchern wiederzuverwenden, die ansonsten ohne Bezug zueinander sind. Ist das ein bewußter Versuch Ihrerseits, ein vernetztes literarisches Universum zu erschaffen, oder entwickelten Sie eine derartige Zuneigung zu Ihren Charakteren, daß Sie sie gerne zu einem gelegentlichen »Besuch« mitbringen?

Jonathan Carroll: Beides. Als ich *Bones of the Moon* beendete, sagte mein Herausgeber: »Ich mag das Buch ja sehr, das einzige, was ich nicht mag, ist die Frage, wie es mit diesem bulligen Filmregisseur Weber Gregston weitergeht.« Und ich dachte, Yeah, weißt du, ich mag ihn auch. Und als ich dann begann, *Sleeping in Flame* zu schreiben, erkannte ich ab einem gewissen Punkt, daß Weber Gregston irgendwo dort war, und - bumm - kam er zurück. An diesem Punkt begriff ich, daß diese Charaktere meine Freunde waren. Es ist genauso, als schaue man später in ein Jahrbuch der High School oder des College. Oft kommt man dann an ein bestimmtes Bild und fragt sich, was wohl aus denen geworden ist. Sehr stark beeindruckt hat mich aber auch Robertson Davies' »Deptford«-Trilogie, die aus drei zusammenhängenden Büchern besteht; sehr viel zusammenhängenderen als die, die ich schreibe. Wenn man ein Buch davon liest, freut man sich, den Charakteren im nächsten wiederzubegegnen. Ich plante ursprünglich eine Serie von fünf Büchern über meine Charaktere, die nicht zwangsläufig absolut miteinander verbunden sein sollten, aber, nun kennt man diese Menschen, man hat sie zuvor gehört und gesehen, und dies ist ihre Welt. Ich meine, das ist es, was Schriftsteller letztendlich machen, nicht wahr? Sie erschaffen Welten, und in dieser hier ist es nun mal so, daß die Menschen eines Ort mit einem anderen in Verbindung geraten. Und ich bin glücklich, sie zu sehen.

D. H. Olson: Viele Ihrer süchtigsten Leser sind Horror-Fans. Ist es fair zu sagen, daß der Horror in Ihrem Werk als ein fortlaufender Erfahrungszustand angesehen werden kann?

Jonathan Carroll: Absolut. Absolut. Ich stehe in engem Kontakt mit Stephen King, und wir haben oft über diese Sache gesprochen. Ich denke, einer der Gründe dafür, daß die Leute King mögen - einer der Gründe auch, warum [lacht] viel weniger Leute meine Sachen mögen -, ist, weil es womöglich Kreaturen, Monster und all so etwas gibt. Aber noch einmal, das meiste davon basiert auf der Realität. Die Realität bedroht uns ständig. Hat man ein Kind, ist man unaufhörlich in Sorge. Steve bringt das in *Friedhof der Kuscheltiere* sehr gut rüber. Man hat ständig Angst, daß dem Kind etwas geschehen wird. Nicht, daß man mit geballten Fäusten herumläuft, aber in *Friedhof der Kuscheltiere* ist die Straße vor dem Haus die perfekte Metapher für die Angst um unsere Kinder. Und schrecklicherweise passiert so etwas manchmal. Horror ist in dieser Hinsicht, wie Sie es gerade sagten, ein immerwährender Zustand.

D. H. Olson: Einige Ihrer größten Fans scheinen andere Schriftsteller zu sein. Hat Sie das überrascht? Hat Sie das Faktum, des »Schriftstellers Schriftsteller« zu sein, mit interessanten Kontakten zu anderen Autoren aus der Szene bereichert?

Jonathan Carroll: Absolut. Aber meine Kontakte erstrecken sich nicht so sehr »in die Szene«. Seit kurzem stehe ich in Verbindung mit dem wunderbarsten Übersetzer aus der Welt von Rilke und religiöser Dichtung, ein Mann aus Berkeley namens Stephen Mitchell. Ich verwendete einige seiner Übersetzungen Rilkes in meiner Arbeit, und plötzlich höre ich von ihm, und er sagt: »Ich mag Ihr Werk sehr.« Oder es gibt da einen Poeten aus Minnesota namens John Caddy, der dieses Jahr gerade den Los Angeles Times Book Prize für seine Sammlung gewonnen hat. Ich hörte John Caddy sagen: »Ich mag Ihr Werk.« Ich habe also mehr Kontakt zu Leuten außerhalb der Szene, was für mich sehr interessant und lohnenswert ist.

D. H. Olson: Was halten Sie eigentlich von Signierstunden?

Jonathan Carroll: Ich liebe sie. Ich liebe sie. Eine in Los Angeles war völlig verrückt. Es waren *hunderte* von Leuten da, was mich total schockte, weil ich das nie erwartet hätte. Es ging mir sehr nahe. Erst gibt jemand 20 Dollar oder was auch immer für dein Buch aus, um dann in der Schlange herumzulungern und dich schließlich zu bitten, es zu signieren. [lacht] Ich war einmal auf der World Fantasy Convention in London, und ein Bursche kam sehr sehr zögerlich zu mir und sagte: »Ich weiß, daß jeder Sie plagt, und ich weiß auch, daß es eine Last ist, aber würden Sie trotzdem mein Buch signieren?« Und ich wandte mich ihm zu und sagte: »Das ist die größte Sache der Welt, es ist keine Last, es ist ein wundervolles Erlebnis, und ich danke Ihnen sehr dafür, mich gefragt zu haben.« Mit Ausnahme der Leute, die *Götter* in der Szene sind, wie Steve King, akzeptiere ich es nicht, wenn Schriftsteller sich gestört fühlen, wenn sie ein Autogramm geben oder mit einem Fan reden sollen oder was auch immer. Ich denke, es ist eine grobe Ungerechtigkeit und eine Art Sünde, so etwas zu verwehren. Dafür ist man da.

D. H. Olson: Haben Sie jemals wieder eine Lesung gegeben, nachdem die eine damit endete, daß die Fäuste flogen?

Jonathan Carroll: Ich gab eine in einem Buchladen in Santa Monica, die sehr nett war, und im April werde ich auch hier in Wien eine geben, um die Veröffentlichung von *Outside the Dog Museum* zu feiern.

D. H. Olson: Aber es gab keine derartigen bösen Zwischenfälle mehr?

Jonathan Carroll: Nein, nein. Der böse Zwischenfall überzeugte mich nur davon, daß es dort draußen in der Welt Typen gibt, die einfach völlig plemplem sind, und je weniger Kontakt ich mit ihnen habe, desto besser.

D. H. Olson: Zusätzlich zu Ihrer Literatur haben Sie auch eine Reihe von Drehbüchern, zumeist unter Pseudonym, geschrieben.

Jonathan Carroll: Uh huh.

D. H. Olson: Kann es sein, daß uns einige dieser Filme aus der örtlichen Videothek bekannt sind?

Jonathan Carroll: Ja [lacht].

D. H. Olson: [lacht] Und Sie würden es vorziehen, wenn wir es dabei belassen?

Jonathan Carroll: Genau. Ja.

D. H. Olson: Irgendwie beantwortet das meine nächste Frage, die gelautet hätte: Fanden Sie eine solche Arbeit zufriedenstellend, und, wenn ja, werden Sie zukünftig weiterhin in dieser Richtung tätig sein?

Jonathan Carroll: Ja, ich fand es sehr zufriedenstellend. Ich verstecke mich nicht hinter irgend etwas, es ist nur so, daß es sich um einen völlig anderen Prozeß handelt, Filme statt Bücher zu schreiben. Wann immer ich meinen Drehbuchautor-Hut aufsetze, ist der einer Baseballkappe in dem Sinne ähnlich, daß ich nun Teil der Mannschaft bin. Sie bitten einen, hineinzugehen und einzuspringen, und obwohl man nicht in Stimmung ist, geht man, weil man zur Mannschaft gehört. Manchmal zum Beispiel arbeitet man für jemandem an einem Film mit, weil man dann auch beim nächsten Film dieser Person wieder mit dabei ist. Sie rufen einen wegen einer Neufassung an von dem, was sie gerade machen, weil sie dein Werk respektieren - also macht man es. Manchmal handelt es sich dabei um einen sehr mageren Stoff, zwei Szenen oder so. Wenn ich ein Drehbuch schreibe und es sich grundlegend um meine

Arbeit handelt, darf jeder es wissen, daß ich es war, der es geschrieben hat. Wenn ich jedoch nur einer von vier Autoren bin, habe ich nicht mehr sehr viel damit zu tun. Warum soll ich dann meinen Namen darunter setzen?

D. H. Olson: Nachdem Sie eine zeitlang *creative writing* unterrichtet haben, würde es mich interessieren, wie Sie auf angehende Autoren reagieren. Und was noch wichtiger ist: können Sie irgendeinen Rat geben, der ihnen helfen könnte, ihr Talent zu entwickeln?

Jonathan Carroll: Wie ich bereits oft genug gesagt habe, gibt es zwei Dinge, die durch *creative writing* gelehrt werden können. Erstens eine größere Würdigung der Literatur, und ich spreche jetzt nicht von Literatur im Sinne von Tolstoi oder Shakespeare - Literatur, die die Welt der Bücher bedeutet. Als ich *creative writing* lehrte, gab ich meinen Studenten sehr viel außer der Reihe zu lesen. Würden sie also eine Geschichte über ein verwirrtes Kind schreiben, würde ich sagen: »Lies erst einmal *Der Fänger im Roggen* oder *Good Times, Bad Times*.« Der Kid würde zurückkommen und sagen: »Wow, die waren wirklich gut.« Und ich würde sagen: »Okay, dein Umfeld ist nun weit offener, wende an, was du gelernt hast, um deine Geschichte besser zu machen.« Ich denke, das ist eine Sache, die man mit *creative writing* lehren kann. Ein guter Lehrer des *creative writing* ist ein sehr guter Leser, nicht nur der Werke der Studenten. Er liest auch stets in seiner Freizeit, so daß er sagen kann: »Wirf hier mal einen Blick hinein und vergleich es mit deiner eigenen Geschichte.« Zweitens gibt es gewisse Tricks, wie man lehren kann, und ich meine das jetzt nicht auf herablassende Weise, aber es gibt bestimmte Methoden, die man als Schriftsteller gelernt hat, und die man auch sehr leicht weitergeben kann. Als ich einmal das Verfassen von Drehbüchern lehrte, sagte ich: »In einem Buch kann man sich auf zehn Seiten darüber auslassen, wie ein Typ in eine Telefonzelle geht und ein Telefongespräch führt, weil die Buchform das erlaubt. In einem Film ist das undenkbar, weil es das Publikum langweilen würde.« Diese Art von Trick kann man lehren, aber je nach Talent und Erfordernis klappt das natürlich nicht immer.

D. H. Olson: In einer Zeit, in der Literatur zunehmend in Genres gezwängt wird, scheint Ihr Werk einer Klassifizierung zu trotzen. Welche Tendenz zeigen die Leserreaktionen auf Ihr Werk - egal ob nun aus Mainstream oder Fantasy?

Jonathan Carroll: Einer der Herausgeber der *Washington Post* sagte mir: »Sie sind ein wirklich umstrittener Autor im Bereich der Fantasy.« Und er sagte weiter: »Das Lustige an der Sache ist, daß Sie in der Fantasy-Szene viel umstrittener als im Mainstream sind.« Die Mainstream-Leute sagen: »Nun, es gibt da Kurt Vonnegut und John Irving, und es gibt Tom Robbins.« Deshalb ist es in Ordnung, sonderbar zu sein. Im »Fantasy-Land« jedoch sind die Leute nicht sehr glücklich über mich. Es gibt dort zwar einige Anhänger meiner Werke, aber das ist nicht der Großteil. Ich habe einige sehr energische Kritiken für meine Bücher erhalten, von wegen sie hielten sich nicht an die Regeln, sollten das aber besser tun.

D. H. Olson: Wie würden Sie selbst Ihr Werk klassifizieren?

Jonathan Carroll: 19. Jahrhundert-*romances*. Es gibt da einen Kritiker in Amerika, ein Bursche namens Allen Cheuse, der eine Besprechung zu *A Child Across the Sky* schrieb, die, wie ich meine, einer geglückten Kategorisierung meiner Werke bisher am nächsten kommt. Er sagte, ich schreibe auf die gleiche Art und Weise *romances* wie Hawthorne es tat. Nun, ich würde mir nicht anmaßen, mich auf eine Stufe mit Nathaniel Hawthorne zu stellen, aber wenn Sie nachlesen, worüber Hawthorne in seiner Einleitung zu *Der scharlachrote Buchstabe* spricht, ist es genau das, was ich auch schreibe. Mein Werk wurde damit verglichen, irgendwo zwischen Kafka und Lewis Carroll zu liegen, und ich stimme damit nicht überein. Einige Leute sind glücklich, wenn sie es als Horror kategorisieren, andere halten es für Fantasy oder Dark Fantasy. Ich kann da keine Verbindung sehen. Ich sehe meine Werke als pure 19. Jahrhundert-*romances* im Sinne von Hawthorne und einige der Kurzgeschichten Melvilles an. Auf eine Art basiert das, was ich tue, sehr auf der amerikanischen Tradition und nicht so sehr auf der europäischen, obwohl sicherlich auch europäische Elemente darin zu finden sind. Hier einmal ein Zeile von Hawthorne, die meiner Meinung nach am besten dazu paßt: »Träume seltsame Dinge und lasse sie wahr erscheinen.« Das ist mein Werk. Ich erschaffe keine Welten wie Tolkien oder Stephen R. Donaldson oder gar Science Fiction-Autoren wie Dan Simmons oder sonst jemand. Ich schreibe über den Alltag und plötzlich... - eine Analogie, die ich oft gern benutze, lautet: Jeder kennt den Moment, wenn man in einem Flugzeug sitzt. Es startet und rumpelt über die Rollbahn. Man ist unterwegs. Das ist es, was jedes meiner Bücher tut. Es wiederholt sich auf eine beinahe schon langweilige Art. Da ist das bumm... bumm... bumm... bumm... bumm... die Rollbahn entlang, und dann, in einem bestimmten Moment, hebt man zu einem anderen Ort ab, entweder in die Stratosphäre oder ins Lu-Lu-Land, ich weiß es nicht.

Übersetzt von Ramona Wegner,
unter Mitarbeit von Frank Duwald und Astrid Brown-Bell

Jonathan Carroll

Kurzgeschichte

Die Elchkirche

Judy,
sind gerade aus Sardinien zurückgekehrt, wo wir eigentlich zwei Wochen bleiben wollten; sind jedoch schon nach fünf Tagen abgereist, weil es einfach eine GRÄSSLICHE Insel ist, *dahling*, das kann ich Dir sagen. Ich werde dauernd von Büchern wie »Das Meer und Sardinien« oder »Der Koloß von Maroussi« hereingelegt, in denen berühmte Autoren beschreiben, wie wundervoll es vor vierzig Jahren war, auf einer wilden und wolligen Insel zu leben, als die eingeborenen Frauen noch oben ohne herumliefen und das Essen weniger als eine Packung Zigaretten kostete. Also, ich Idiot lese diese Bücher, packe meine Tasche und fliehe (absichtlich) nach Süden. Nur um diese Frauen wirklich oben ohne zu sehen - zweihundert Pfund schwere deutsche Frauen/Panzer aus Bielefeld mit derart enormen Brüsten, daß sie auf ihnen windsurfen könnten, wenn sie nur ein Segel setzen würden Mahlzeiten, die mehr kosten als mein neues Auto und Unterkünfte, die Du Deinem schlimmsten Feind nicht wünschen würdest. Und außerdem, weil ich ein schlechtes Gedächtnis habe, vergesse ich dauernd, daß die Sonne in diesen südlichen Gefilden so trügerisch heiß ist, daß sie Dich in ein paar schnellen Stunden bei lebendigem Leibe brät. Bitte begutachte mein feuerrotes Gesicht, danke.

Nein, ich bin jetzt über vierzig und habe deswegen von nun an das gute Recht »einfach Nein« zu Dingen wie dieser Reise zu sagen. Als wir zurückfuhren, sagte ich zu Gretchen, laß uns im nächsten Urlaub einfach in die Berge fahren. Dann, siehe da, kamen wir zu einem Gasthaus unterhalb der Berge nahe Graz, neben einem kleinen, plätschernden Bach, mit dem Geruch von Holzfeuer und etwas Mist, rot-weiß karierten Tischdecken, einem Bett im oberen Stock, der durch sich sanft wiegende Kastanienbäume auf den Bach blickte, und auf unseren Kissen lag in Stanniol gewickelte Schokolade. Es gibt keinen schöneren Ort als zu Hause, Toto.

Während wir auf Sardinien waren, verbrachten wir viel Zeit in einer Café-Bar, die das einzig Schöne an diesem Ort war. Sie hieß »Spin Out Bar«, und als die Besitzer herausfanden, daß wir Amerikaner waren, behandelten sie uns wie Helden. Einer von ihnen war vor Jahren in New York gewesen und besaß eine Karte von Manhattan, die über und über mit roten Markierungen versehen war, um jedem, der hereinkam, zu zeigen, wo er gewesen war.

Abends füllte sich die Spelunke, und es konnte ganz schön rüde werden, aber neben den nordischen Windsurfern und einer Überdosis fetter Leute in blumengemusterter Kleidung trafen wir einige interessante Typen. Unsere Favoritin war eine Holländerin namens Miep, die in einer Sonnenbrillenfabrik in Maastrich arbeitete. Ihr Begleiter war ein Engländer namens Mc-Gann, und da, meine Freundin, beginnt die Geschichte.

Wir kamen nicht dahinter, warum Miep überhaupt auf Sardinien war, da sie sagte, sie könne keine Sonne vertragen und würde auch niemals ins Wasser gehen. Sie beließ es dabei, aber McGann fand es wichtig hinzuzufügen: »Sie liest viel, wißt ihr?« Worüber liest sie? »Bienen. Sie liebt es, Bienen zu studieren.« Unglücklicherweise reicht Gretchens und mein Wissen über Bienen nicht über Stiche und verschiedene, uns bekannte Honigsorten hinaus, aber Miep sagte sowieso selten irgend etwas über irgend etwas und überließ es ihrem Freund, Konversation zu machen. Was er mit beängstigendem Schwung tat.

Weiß Gott, die Engländer sind gute Unterhalter, und wenn sie lustig sind, wälzt man sich alle fünf Minuten am Boden, aber McGann redete zuviel. McGann hörte *niemals* auf zu reden. Man kam an den Punkt, an dem man ihn geistig einfach abgeschaltet und seine hübsche, stille Freundin angeschaut hat. Das Traurige war, daß er hinter all seinen Worten ein interessanter Mann war. Er arbeitete in einem Reisebüro in London und war an faszinierenden Orten gewesen - Bhutan, Patagonien, Nordjemen. Er erzählte auch halbwegs gute Geschichten, aber unvermeidlich mitten in einer über die Seidenstraße oder darüber, wie es war, während eines Schneesturms in einem buddhistischen Kloster festzusitzen, fiel einem auf, daß er bereits soviele unwesentliche, langweilige Details ausgespuckt hatte, daß man schon sechs Sätze vorher aufgehört hatte zuzuhören und sich seinen eigenen Vorstellungen eines verschneiten Klosters hingab.

Eines Tages gingen wir zum Strand und blieben lange - wir kamen beide mit einem bösen Sonnenbrand und schlechter Laune nach Hause zurück. Wir maulten uns gegenseitig an, bis Gretchen die gute Idee hatte, zum Abendessen in die Bar zu gehen, da sie dort eine Grillparty veranstalteten und seit unserer Ankunft darüber gesprochen wurde. Grillparties entsprechen zwar nicht unbedingt meiner Vorstellung vom Nirwana, besonders unter Fremden, aber ich wußte, wenn wir noch eine Stunde in unserem öden Bungalow blieben, würden wir handgreiflich werden, also stimmte ich zu.

»Hallo! Da seid ihr zwei ja! Miep vermutete, daß ihr kommt, deshalb haben wir euch was freigehalten. Das Essen ist wirklich gut. Gott, schaut euch euren Sonnenbrand an! Wart ihr den ganzen Tag draußen? Ich erinnere mich noch an den schlimmsten Sonnenbrand, den ich je hatte...«, war nur ein Teil von McGanns Begrüßung quer durch den Raum, als er uns kommen sah. Wir füllten unsere Teller und setzten uns zu ihnen.

Als der Abend und McGann fortschritten, stürzte meine Laune vollends ab. Ich wollte ihm nicht zuhören, wollte nicht auf dieser verbrannten Insel sein, freute mich nicht gerade auf die vierundzwanzigstündige Reise nach Hause. Habe ich erwähnt, daß, als wir auf der Nachtfähre zum Festland zurückkehrten, keine Kabinen mehr frei waren und wir auf Bänken schlafen mußten? Wir mußten.

Jedenfalls war ich auf dem besten Wege zu einem höllischen Wutausbruch. Als ich drei Sekunden davon entfernt war, McGann anzuschreien, er sei der größte Langeweiler, dem ich je begegnet war und er endlich die Schnauze halten solle, wandte sich Miep zu mir um und fragte: »Welches war der merkwürdigste Traum, den du je hattest?« Völlig überrascht durch die Frage, weil sie zum einen total unerwartet kam, zum anderen, weil ihr Freund gerade über Sonnenmilch laberte, mußte ich darüber nachdenken. Ich erinnere mich selten an meine Träume. Wenn ich es doch tue, sind sie entweder langweilig oder unvorstellbar sexy. Der einzig merkwürdige, der mir einfiel, war der, in dem ich nackt und mit Jimi Hendrix Gitarre spielend auf der Rückbank eines Dodge saß. Jimi war auch nackt, und wir müssen wohl zehnmal »Hey Joe« gespielt haben, bevor ich mit einem Lächeln auf dem Gesicht und einer aufrichtigen Trauer darüber, daß Hendrix tot war und ich ihn niemals treffen würde, aufgewacht war. Dies erzählte ich Miep, die, den Kopf auf ihre Hände gestützt, zuhörte. Dann fragte sie Gretchen. Sie erzählte den tollen Traum, in dem sie ein riesiges Omelett für Gott backte und auf der ganzen Welt nach ausreichend Eiern gesucht hatte. Erinnerst Du Dich, wie wir darüber gelacht haben?

Nachdem wir also geantwortet hatten, war es lange still. Selbst McGann sagte nichts. Ich bemerkte, daß er seine Freundin mit einem ängstlichen, kindlichen Ausdruck ansah. Als ob er wartete, daß sie - mit was für einem Spiel auch immer - beginnen würde.

»Ian und ich haben uns durch Träume getroffen. Ich war in Heathrow und wartete auf den Rückflug nach Holland. Er saß neben mir und sah, daß ich einen Artikel über »Luzide Träume« las. Kennt ihr das? Man trainiert sich, seine nächtlichen Träume bewußt wahrzunehmen, so daß man sie manipulieren und benutzen kann. Wir fingen an, über diese These zu sprechen, und er langweilte mich sehr. Ian kann sehr langweilig sein. Das ist etwas, an das man sich gewöhnen muß, wenn man mit ihm zusammen sein will. Ich habe immer noch Schwierigkeiten damit, aber wir sind jetzt eine Woche zusammen, und es geht besser.«

»Eine Woche? Was meinst du? Länger seid ihr noch nicht zusammen?«

»Miep kam gerade von einem Bienenzüchterkongreß in Devon. Nach unserer Unterhaltung auf dem Flugplatz sagte sie, sie werde mit mir kommen.«

»Einfach so? Du bist mit ihm hierhergekommen, anstatt nach Hause zu fahren?« Gretchen glaubte das nicht nur, sie war verzaubert. Sie glaubt zutiefst an schicksalhafte Begegnungen, glückliche Zufälle und daran, daß man jemand von Anfang an so sehr lieben kann, daß man auch mit seinen augenscheinlichsten Fehlern leben kann. Ich war mehr darüber erstaunt, daß Miep mit ihm gekommen war und trotzdem zugab, was für ein Langweiler er war. War es das, was Liebe auf den ersten Blick ausmacht: Ja, laß uns zusammen irgendwohin fliegen, Darling, ich liebe dich wahnsinnig und werde versuchen, mich daran zu gewöhnen, daß du so langweilig bist?

»Ja. Nachdem Ian mir über seine Träume erzählt hatte, fragte ich, ob ich mitkommen könne. Es war wichtig für mich.«

Ich sagte zu McGann: »Muß ja ein ganz schön starker Traum gewesen sein, den du da hattest.« Er sah unscheinbar, nett und tüchtig aus, aber nur ein wenig - wie ein guter Postbote, der Dir pünktlich die Post bringt, oder wie ein Verkäufer in einem Spirituosengeschäft, der die Namen von dreißig verschiedenen Biermarken herunterrasseln kann. Ich vermutete, daß er ein guter Reiseverkäufer war, er kannte seine Preise und Prospekte und war ein Mann, der für jemanden mit wenig Geld eine gute Reise zusammenstellen konnte. Aber er war nicht beeindruckend und sprach ständig. Was für einen Traum hatte er nur gehabt, um diese attraktive und auf nette Weise mysteriöse Holländerin zu überzeugen, alles hinzuschmeißen und ihn nach Sardinien zu begleiten?

»Es war eigentlich nichts Besonderes. Ich träumte, ich arbeitete in einem Büro, nicht da, wo ich arbeite, irgendwo anders, aber nichts Besonderes. Ein Mann kam herein, den ich vor Jahren gekannt habe, der aber gestorben ist. Er starb vor etwa fünf Jahren an Krebs. Ich sah ihn und wußte ganz sicher, daß er von den Toten zurückgekehrt war, um mich zu sehen. Sein Name war Larry Birmingham. Ich habe diesen Burschen nie gemocht. Er war sehr laut und zu sehr von sich überzeugt. Aber da war er nun in meinem Traum. Ich sah von meinem Schreibtisch auf und sagte: »Larry! Du bist es! Du bist von den Toten zurück!« Er war sehr ruhig und sagte, ja, er sei gekommen, um mich zu sehen. Ich fragte, ob ich ihm darüber Fragen stellen könne. Über den Tod, meine ich natürlich. Er lächelte, ein wenig zu amüsiert, wie ich jetzt weiß, und sagte ja. Ungefähr an dieser Stelle *wußte* ich, daß ich träumte. Ihr wißt wie das ist? Aber ich dachte, mach weiter, schau, was du herausfinden kannst. So befragte ich ihn. Wie *ist* es, tot zu sein? Müssen wir Angst haben? Ist es so, wie wir es uns vorstellen?... sowas in der Art. Er antwortete, aber viele Antworten waren etwas obskur und verwirrend. Ich fragte nochmal, und er antwortete auf eine andere Weise, die zuerst klarer schien, aber sie war es nicht - er hatte nur das Durcheinander mit anderen Worten wiederholt. Es war keine große Hilfe, das kann ich euch sagen.«

»Hast du irgend etwas herausgefunden?«

Ian sah Miep an. Trotz ihrer Zurückhaltung und seinem endlosen Dialog war klar, daß zwischen diesen beiden so verschiedenen Menschen eine große Nähe und Achtung bestand. Es war sicherlich ein Blick voller Liebe, aber noch viel mehr als das, ein Blick, der klar aussagte, daß sie schon Dinge übereinander wußten, die den Kern ihres Seins betrafen. Ob sie sich nun eine knappe Woche oder zwanzig Jahre kannten, dieser Blick enthielt alles, was wir uns vom Zusammenleben mit anderen Menschen erhoffen. Sie nickte zustimmend, aber nach einem Moment sagte er leise: »Ich... ich kann es euch leider nicht sagen.«

»Oh, Ian -«, sie streckte ihre Hand über den Tisch und berührte sein Gesicht. Stell Dir einen Laser- oder Hitzestrahl vor, der über den Tisch streicht, der, mit Ausnahme der beiden, alles ausschließt, und genau das war es, was Gretchen und ich empfanden, während wir sie beobachteten. Was mich am meisten überraschte, war, daß es das erste Mal war, daß Miep entweder sprach oder für ihren Freund aufrichtige Gefühle zeigte. Aber da war auf einmal so viel Gefühl, daß es peinlich war.

»Oh, Ian, du hast recht. Es tut mir leid. Du hast ja so recht.« Sie lehnte sich in ihrem Stuhl zurück, sah ihn jedoch weiter an. Er drehte sich zu mir und sagte: »Es tut mir leid, so unhöflich zu sein, aber ihr werdet es verstehen, daß ich euch nicht alles sagen kann, wenn ich fertig bin. Es ist keine einfache Geschichte. Entschuldigt, aber bevor ich fortfahre - es ist schwer für mich, diese Geschichte zu erzählen, ich glaube, daß ich noch einen Drink brauche. Möchte sonst noch jemand etwas?«

Niemand von uns wollte, also stand er auf und ging allein zur Bar. Während er fort war, war es still am Tisch. Miep hörte nicht auf, ihn anzusehen, und Gretchen und ich wußten nicht, wo wir hinsehen sollten, bis er zurückkam.

»Alles klar, ich habe aufgetankt und bin bereit weiterzumachen. Wißt ihr, was ich dachte, als ich an der Bar war? Daß ich einmal durch Österreich gefahren bin und einen Lachanfall bekam, als ich an einem Schild nach »Mooskirchen« vorbeikam. Ich erinnere mich noch ganz genau, daß ich mir überlegte, daß eine verrückte Übersetzung davon »Moose Church«, »Elchkirche« also, wäre. Dann dachte ich, warum zum Teufel auch nicht - die Leute beten alle möglichen Dinge auf dieser Welt an. Warum sollte es keine Kirche zur Verehrung von Elchen geben. Oder besser, eine Religion für sie. Versteht ihr? Ich schweife ab, nicht wahr? Das kommt daher, weil es für mich eine so höllisch schwierige Geschichte ist. Das komischste daran ist, daß ihr, wenn ich fertig bin, denken werdet, ich sei genauso verrückt wie die Leute in Moose Church, eh, Miep? Werden sie nicht glauben, ich habe nicht alle Tassen im Schrank?«

»Wenn sie es verstehen, werden sie wissen, daß du ein Held bist.«

»Ja, nun gut, Leute, nehmt Miep nicht zu ernst. Sie ist still, aber reagiert manchmal sehr emotional. Laßt mich weitererzählen, und dann könnt ihr selbst entscheiden, ob ich verrückt bin, oder, haha, ein Held.

Am Morgen nach diesem ersten Traum ging ich ins Bad und begann meinen Pyjama auszuziehen um mich zu waschen. Ich war erstaunt, als ich sah-«

»Erzähl es ihnen nicht, Ian, zeig es ihnen! Zeig es ihnen, damit sie es selbst sehen können!«

Langsam, schüchtern zog er sein T-Shirt über den Kopf. Gretchen sah es zuerst und keuchte. Als ich es sah, ging es mir genauso, glaube ich. Von seiner linken Schulter bis zur linken Brustwarze verlief eine monströs lange und tiefe Narbe. Sie sah genauso aus, wie die, die mein Vater nach einer Operation am offenen Herzen auf der Brust hatte. Eine riesige Narbe, breit und obszön leuchtend-rosa. Die Methode des Körpers zu sagen, daß er dir nie vergibt, was du ihm angetan hast.

»Oh, Ian, was ist geschehen?« Liebes Gretchen, das Herz der Welt. Sie streckte unwillkürlich die Hand aus, um ihn zu berühren, zu trösten. Als ihr bewußt wurde, was sie tat, zog sie die Hand zurück, aber der anteilhafte Ausdruck blieb auf ihrem Gesicht.

»Nichts ist passiert, Gretchen, ich bin nie in meinem Leben verletzt worden. Ich war nie im Krankenhaus, bin nie operiert worden. Ich habe dem Tod ein paar Fragen gestellt, und als ich am nächsten Morgen aufwachte, war das da.« Er wartete nicht darauf, daß wir seine Wunde näher untersuchten. Das T-Shirt war schnell wieder angezogen.

»Ich sage dir, Ian, vielleicht ist es eine Art Geschenk.«

»Es ist kein Geschenk, Miep, weil es mir weh tut und ich meinen linken Arm nicht mehr besonders gut bewegen kann. Das gleiche wie mit meinem Fuß *und* meiner Hand.«

»Worüber redest du?«

Ian schloß die Augen und versuchte weiterzuerzählen. Er konnte es nicht und begann statt dessen mit geschlossenen Augen hin und her zu schaukeln.

Miep sagte: »In der Nacht, bevor Ian und ich uns trafen, hatte er noch einen Traum, und dieselbe Sache passierte. Dieser Larry kam zurück, und Ian stellte ihm noch mehr Fragen über den Tod. Aber dieses Mal waren die Antworten klarer, wenn auch nicht alle. Er wachte auf und sagte, daß er anfinge, Dinge zu verstehen, die er vorher nicht begriffen hatte. Er glaubt, daß die Narbe auf seiner Handfläche deswegen kleiner ist - je besser er den Traum versteht, desto mehr läßt er ihn in Ruhe. Vor ein paar Nächten hatte er wieder einen Traum, und als er aufwachte, hatte er einen langen Schnitt in seinem Bein. Viel größer als die Narbe auf seiner Hand.«

Ian sprach wieder, aber seine Stimme war leiser - sanft und flach. »Es erzählt einem alles, was man wissen will, aber man muß es verstehen. Wenn nicht,... tut es einem diese Dinge an, damit man mit seinen Fragen vorsichtiger ist. Das Schlimme daran ist, wenn man einmal angefangen hat, kann man nicht mehr aufhören zu fragen. Während meines zweiten Traums sagte ich zu

Birmingham, ich wolle aufhören, ich hätte Angst. Er sagte, das könnte ich nicht. Das totale »Zwanzig-Fragen«-Spiel, eh? Gottseidank, daß Miep bei mir ist! Gottseidank, daß sie mir glaubt! Ich danke Gott für dich, Miep.«

Ich überredete ihn später, uns die Narbe auf seiner Hand zu zeigen, die völlig anders war als die auf seiner Brust. Diese war weiß und dünn und sah aus, als sei sie schon mehrere Jahre alt. Sie verlief quer über seine Handfläche, und ich erinnere mich, daß ich mich von Anfang an gewundert hatte, wie merkwürdig er diese Hand bewegte, wie viel langsamer und ungeschickter sie war. Nun wußte ich warum.

Es gibt noch viel mehr zu erzählen, Judy, aber da Du in ein paar Wochen sowieso hier sein wirst, werde ich mir die restlichen Einzelheiten bis dahin aufsparen. Nun jedoch zum Ende der Geschichte. Zwei Tage später entschieden Gretchen und ich uns, mehr oder weniger aus heiterem Himmel, von dort zu verschwinden. Wir hatten genug und es gefiel uns nicht an diesem Ort. Innerhalb von anderthalb Stunden waren unsere Taschen gepackt und die Rechnung bezahlt. Keiner von uns mag es, sich von anderen Leuten zu verabschieden, und wir waren, wie Du Dir vorstellen kannst, von McGanns Geschichte verwirrt. Sie ist nicht gerade eine, die man so einfach glaubt, aber wenn Du an dem Abend dabeigewesen wärst und ihre Gesichter gesehen, ihre Stimmen gehört hättest, die Überzeugung darin, wüßtest Du, warum wir uns beide in ihrer Gegenwart unwohl fühlten. Als wir nach dem Bezahlen aus dem Büro kamen, liefen wir Miep direkt in die Arme, die in großer Eile zum Büro lief.

Etwas war offensichtlich nicht in Ordnung. »Miep, bist du okay?«

»Okay? Oh, nein. Ian... Ian geht es nicht gut.« Sie war völlig geistesabwesend, und ihre Augen sahen überallhin, nur nicht zu uns. Dann leuchteten sie auf, und sie beruhigte sich, als sie sich, glaube ich, an das erinnerte, was ihr Freund uns an jenem Abend erzählt hatte. »Er hatte wieder einen Traum, als er vom Strand zurückkam. Er legte sich hin, und es waren nur ein paar Minuten, aber als er aufwachte -« Statt fortzufahren, begann sie langsam eine Linie über ihren Unterleib zu ziehen. Gretchen und ich fuhren zusammen und fragten, was wir tun könnten. Ich glaube, wir begannen beide zu ihrem Bungalow zu laufen, aber Miep schrie, schrie tatsächlich, »Nein!«, und wir konnten sie nicht dazu überreden, ihr zu helfen. Falls das überhaupt möglich war. Aber das ist noch nicht alles: was mich am meisten bestürzte, war ihr Gesicht. Als sie merkte, daß wir nicht mehr versuchten, in Richtung ihres Zimmers zu gehen, blickte sie über unsere Schultern dorthin, wo Ian war, und der Ausdruck auf ihrem Gesicht war ängstlich und freudestrahlend zugleich. Stimmte es, war er wirklich dort, erneut vom Tod gezeichnet, erneut gezeichnet, weil er die Antworten auf seine Fragen nicht verstand? Wer weiß.

Auf der Fähre zum Festland erinnerte ich mich, was er an jenem Abend über die Elchkirche gesagt hatte; daß man den Menschen erlauben sollte, das anzubeten, was sie wollen. *Das* war der Ausdruck auf dem Gesicht seiner Freundin - der Blick eines Menschen auf das, was er gleichzeitig als Wahrheit und als Antwort des Lebens ansieht. Oder des Todes.

Unsere Gedanken sind bei Dir,
Ted

Übersetzt von Astrid Brown-Bell

Bibliographie

Frank Duwald

BIBLIOGRAPHIE

a) Chronologische Liste nach Entstehung

Diese Auflistung bezieht sich auf den Zeitpunkt der Entstehung der einzelnen Geschichten. Sie entstand nach Angaben Jonathan Carrolls.

1) »The Party at Brenda's House«
2) *The Land of Laughs*
3) »Florian«
4) »The Fall Collection«
5) *Voice of our Shadow*
6) »The Jane Fonda Room«
7) »Postgraduate«
8) *Bones of the Moon*
9) »Friend's Best Man«
10) »My Zoondel«
11) »The Dead Love You«
12) *Sleeping in Flame*
13) »A Bear in the Mouth«
14) »The Panic Hand«
15) »Mr. Fiddlehead«
16) »Learning to Leave«
17) »The Sadness of Detail«
18) *A Child Across the Sky* (incl. »A Quarter Past You«)
19) »Tired Angel«
20) *Black Cocktail*
21) *Outside the Dog Museum* (incl. »The Art of Falling Down«)
22) »The Life of My Crime«
23) »Uh-Oh City«
24) *After Silence*
25) »A Wheel in the Desert, the Moon on Some Swings«
26) *From the Teeth of Angels* (incl. »The Moose Church«)

b) Chronologische Liste nach Veröffentlichung

Diese Auflistung enthält die Angaben zu allen deutschsprachigen Ausgaben. Sie folgt der Reihenfolge des Erscheinungsdatums der Erstausgabe. Nicht ermittelt (N.N. = Nomen Nescio) werden konnte der erste Übersetzer der Kurzgeschichten »Florian« und »The Fall Collection«. Jonathan Carroll erinnert sich daran, daß es der Herausgeber des Wiener Magazins *Das Pult* war. Seiner Meinung nach waren diese Übersetzungen (um es höflich auszudrücken) eher schwach. Nicht enthalten sind in dieser Liste englischsprachige Nachdrucke.

»The Party at Brenda's House«. Erschienen in: *The Transatlantic Review*, May 1976.
   a) »Die Party bei Brenda«, übersetzt von Franz Rottensteiner. Erschienen in: Jonathan Carroll, *Die panische Hand* (Frankfurt am Main: Suhrkamp, 1989).

The Land of Laughs (New York: Viking, 1980).
   a) *Das Land des Lachens*, übersetzt von Rudolf Hermstein (Frankfurt am Main: Suhrkamp, 1986).
   b) Unveränderter Nachdruck (Frankfurt am Main: Insel, 1989).
   c) Unveränderter Nachdruck (Frankfurt am Main: Suhrkamp, 1991), farbig illustriert von Hans-Jörg Brehm.

»The Jane Fonda Room«. Erschienen in: *Rod Serling's The Twilight Zone Magazine*, September 1982.
   a) »Der Jane-Fonda-Saal«, übersetzt von Franz Rottensteiner. Erschienen in: Jonathan Carroll, *Die panische Hand* (Frankfurt am Main: Suhrkamp, 1989).

»The Fall Collection«.
   a) »Die Herbstkollektion« [Welterstveröffentlichung], übersetzt von N.N. Erschienen in: *Das Pult*, Folge 65, 1982.
   b) »Die Herbstkollektion«, übersetzt von Franz Rottensteiner. Erschienen in: Jonathan Carroll, *Die panische Hand* (Frankfurt am Main: Suhrkamp, 1989).

Voice of our Shadow (New York: Viking, 1983).
   a) *Die Stimme unseres Schattens*, übersetzt von Rudolf Hermstein (Frankfurt am Main: Suhrkamp, 1989).

»Florian«.
   a) »Florian« [Welterstveröffentlichung], übersetzt von N.N. Erschienen in: *Das Pult*, Folge 70, 1983.
   b) »Florian«, übersetzt von Franz Rottensteiner. Erschienen in: Franz Rottensteiner (Hrsg.), *Der Eingang ins Paradies* (Frankfurt am Main: Suhrkamp, 1988).
   c) Unveränderter Nachdruck von b). Erschienen in: Jonathan Carroll, *Die panische Hand* (Frankfurt am Main: Suhrkamp, 1989).

»Postgraduate«. Erschienen in: *Penthouse*, February 1984.
   a) »Zurück auf die Schulbank«, übersetzt von Franz Rottensteiner. Erschienen in: Franz Rottensteiner (Hrsg.), *Phantastische Zeiten* (Frankfurt am Main: Suhrkamp, 1986).
   b) Unveränderter Nachdruck. Erschienen in: Jonathan Carroll, *Die panische Hand* (Frankfurt am Main: Suhrkamp, 1989).

»Friend's Best Man«. Erschienen in: *Fantasy and Science Fiction*, January 1987.
   a) »Freund des Menschen«, übersetzt von Franz Rottensteiner. Erschienen in: Franz Rottensteiner (Hrsg.), *Seltsame Labyrinthe* (Frankfurt am Main: Suhrkamp, 1987).
   b) Unveränderter Nachdruck. Erschienen in: Jonathan Carroll, *Die panische Hand* (Frankfurt am Main: Suhrkamp, 1989).
   c) »Freunds bester Mensch«, übersetzt von Thomas Schichtel. Erschienen in: Ellen Datlow / Terri Windling (Hrsg.), *Das neue Buch der Fantasy* (Bergisch Gladbach: Bastei-Lübbe, 1990).

Bones of the Moon (London: Century, 1987).
   a) *Laute Träume*, übersetzt von Rudolf Hermstein (Frankfurt am Main: Suhrkamp, 1988).
   *) Anmerkung: *Bones of the Moon* erschien in den USA in einer leicht erweiterten Fassung (New York: Arbor House/William Morrow, 1988), die Jonathan Carroll jedoch nicht als definitive Version ansieht.

»My Zoondel«.
   a) »Mein Zündel« [Welterstveröffentlichung], übersetzt von Franz Rottensteiner. Erschienen in: Franz Rottensteiner (Hrsg.), *Der Eingang ins Paradies* (Frankfurt am Main: Suhrkamp, 1988).

b) Unveränderter Nachdruck. Erschienen in: Jonathan Carroll, *Die panische Hand* (Frankfurt am Main: Suhrkamp, 1989).

Sleeping in Flame (London: Century, 1988).
  a) *Schlaf in den Flammen*, übersetzt von Peter Bartelheimer (Frankfurt am Main: Suhrkamp, 1990).

»Mr. Fiddlehead« [eigenständiger Auszug aus dem nachfolgenden Roman *A Child Across the Sky*]. Erschienen in: *Omni*, February 1989.
  a) »Mr. Fiddlehead«, übersetzt von Franz Rottensteiner. Erschienen in: Jonathan Carroll, *Die panische Hand* (Frankfurt am Main: Suhrkamp, 1989).
  b) »Mr. Fiddlehead«, übersetzt von Herbert Genzmer. Erschienen in: Jonathan Carroll, *Ein Kind am Himmel* (Frankfurt am Main: Suhrkamp, 1992).

»The Panic Hand«.
  a) »Die panische Hand« [Welterstveröffentlichung], übersetzt von Franz Rottensteiner. Erschienen in: Jonathan Carroll, *Die panische Hand* (Frankfurt am Main: Suhrkamp, 1989).

»The Sadness of Detail«.
  a) »Die Traurigkeit liegt im Detail« [Welterstveröffentlichung], übersetzt von Franz Rottensteiner. Erschienen in: Jonathan Carroll, *Die panische Hand* (Frankfurt am Main: Suhrkamp, 1989).

»A Bear in the Mouth«.
  a) »Lauf dem Bären in den Schlund« [Welterstveröffentlichung], übersetzt von Franz Rottensteiner. Erschienen in: Jonathan Carroll, *Die panische Hand* (Frankfurt am Main: Suhrkamp, 1989).

»The Lick of Time«.
  a) »Die Tücke des Subjekts« [Welterstveröffentlichung], übersetzt von Franz Rottensteiner. Erschienen in: Jonathan Carroll, *Die panische Hand* (Frankfurt am Main: Suhrkamp, 1989).
  b) Unveränderter Nachdruck. Erschienen in: Franz Rottensteiner (Hrsg.), *Phantastische Begegnungen* (Frankfurt am Main: Suhrkamp, 1990).

»A Quarter Past You« [eigenständiger Auszug aus dem nachfolgenden Roman *A Child Across the Sky*].
    a) »Viertel nach dir« [Welterstveröffentlichung], übersetzt von Franz Rottensteiner. Erschienen in: Jonathan Carroll, *Die panische Hand* (Frankfurt am Main: Suhrkamp, 1989).
    b) »Viertel nach dir«, übersetzt von Ute Thiemann. Erschienen in: Michele Slung (Hrsg.), *Ich bebe, wenn du mich berührst* (Bergisch Gladbach: Bastei-Lübbe, 1992).
    c) »Viertel nach dir«, übersetzt von Herbert Genzmer. Erschienen in: Jonathan Carroll, *Ein Kind am Himmel* (Frankfurt am Main: Suhrkamp, 1992).

»The Dead Love You«.
    a) »Die Toten lieben dich« [Welterstveröffentlichung], übersetzt von Franz Rottensteiner. Erschienen in: Jonathan Carroll, *Die panische Hand* (Frankfurt am Main: Suhrkamp, 1989).

A Child Across the Sky (London: Century, 1989).
    a) *Ein Kind am Himmel*, übersetzt von Herbert Genzmer (Frankfurt am Main: Suhrkamp, 1992).

»Tired Angel«. Erschienen in: *Fear*, December 1989.
    a) Keine deutsche Ausgabe.

Black Cocktail (London: Century, 1990), illustriert von Dave McKean.
    a) *Schwarzer Cocktail*, übersetzt von Irene Bonhorst (München: Heyne, 1993), illustriert von Dave McKean.

»The Art of Falling Down« [eigenständiger Auszug aus dem nachfolgenden Roman *Outside the Dog Museum*]. Erschienen in: Kathryn Cramer (Hrsg.), *Walls of Fear* (New York: William Morrow, 1990).
    a) (Ohne Eigentitel), übersetzt von Mechthild Kühling. Erschienen in: Jonathan Carroll, *Vor dem Hundemuseum* (Frankfurt am Main: Insel, 1993).

Outside the Dog Museum (London: Macdonald, 1991).
    a) *Vor dem Hundemuseum*, übersetzt von Mechthild Kühling (Frankfurt am Main: Insel, 1993).

»The Moose Church« [eigenständiger Auszug aus dem nachfolgenden Roman *From the Teeth of Angels*]. Erschienen in: Ellen Datlow (Hrsg.), *A Whisper of Blood* (New York: William Morrow, 1991).
   a) »Die Elchkirche«, übersetzt von Astrid Brown-Bell. Erschienen in: Frank Duwald (Hrsg.), *Jonathan Carroll: Schwarze Systeme der Romantik* (München: Verlag Thomas Tilsner, 1993).

»The Life of My Crime«. Erschienen in *Omni*, February 1992.
   a) Keine deutsche Ausgabe.

After Silence (London: Macdonald, 1992).
   a) Keine deutsche Ausgabe.
   *) Anmerkung: *After Silence* erschien in den USA in einer leicht gekürzten Fassung (Garden City: Doubleday, 1993), die Jonathan Carroll als die definitive Version des Romans ansieht.

Deutsche Ausgabe

»Uh-Oh City«. Erschienen in: *Fantasy and Science Fiction*, June 1992.
   a) Keine deutsche Ausgabe. "Wenn die Kuhe endet", übers. v. Herbert Genzmer (F.a.M, Suhrkamp, 1995).

»Learning to Leave«. Erschienen in: Pete Crowther (Hrsg.), *Narrow Houses* (London: Little, Brown UK, 1992).
   a) Keine deutsche Ausgabe.

»A Wheel in the Desert, the Moon on Some Swings«. Erschienen in: *Omni* (für 1993 in Vorb.).
   a) Keine deutsche Ausgabe.

From the Teeth of Angels (London: HarperCollins UK, für Frühjahr 1994 in Vorb.). USA: Doubleday, 1994
   a) Keine deutsche Ausgabe.
   D.A "Wenn Engel Zähne zeigen", übers v Sabine Hübner (Wien; München; Europaverlag, 1995)

"Kissing the Beehive" (USA Doubleday 1998)
   a) "Pauline, umschwärmt", übers. v. Charlotte Breuer (Hamburg; Wien; Europaverlag, 1999)

"The Marriage of Sticks" (USA 1999)
   a) "Fieberglas" übers. v Rainer Schmidt (Frankfurt a Main; Eichborn, 2002)

c) Frühe Geschichten

Als seine erste professionelle Geschichte sieht Jonathan Carroll »The Party at Brenda's House« an. Davor veröffentlichte er jedoch schon einige Kurzgeschichten in kleinen, nichtprofessionellen Magazinen, die er heute nicht mehr seinem Werk zurechnet. Tatsächlich befinden sich nicht einmal mehr alle dieser Stories in seinem eigenem Besitz.

»Mets 4 - Giants 2«. Erschienen in: *Folio*, Fall 1972.
    a) Keine deutsche Ausgabe.

»Phil's Story«. Erschienen in: *Some Friends*, Spring-Summer 1973.
    a) Keine deutsche Ausgabe.

»Hand-Me-Downs«. Erschienen in: *Roanoke Review*, Spring 1974.
    a) Keine deutsche Ausgabe.

»All the Angels Living in Atlanta«. Erschienen in: *Caret*, Spring 1975.
    a) Keine deutsche Ausgabe.

»Skip«. Erschienen in: *Iron*, September 1975.
    a) Keine deutsche Ausgabe.

»Who's He?«. Erschienen in: *Phoebe*, May 1977.
    a) Keine deutsche Ausgabe.

"The Heidelberg Cylinder"
a.) Erstveröffentlichung als Limited Ed bei Moebius Interactive 200
b.) Nachdruck im "The Year's best Fantasy and Horror 14th Annual Collection" Hg. Ellen Datlow / Terri Windling" (USA. St. Martin's Griffin 2001

QUELLEN- UND COPYRIGHT-HINWEISE

Frank Duwald, »Jonathan Carroll: Werk und Leben«. © 1993 by Frank Duwald. Basiert in Teilen auf »Jonathan Carroll: Im Land des Lachens«, erschienen in *Science Fiction Media*, April 1991.

Wolfgang Ritschl und Walter Gröbchen, »Der laute Träumer«. © 1993 by Wolfgang Ritschl und Walter Gröbchen. Basiert in Teilen auf der Radiosendung »Der laute Träumer: Porträt eines Amerikaners in Wien«, gesendet am 10. Dezember 1989 von Ö1 in der Reihe *Tonspuren*. Nach den Originalaufnahmen erweitert und bearbeitet von Frank Duwald.

Franz Rottensteiner, »Zwischen Lederjoppen und Blechmusik: Jonathan Carrolls Wien«. © 1993 by Franz Rottensteiner.

Stefan Linder, »Schutzengel und Seelendetektive: Die Romane und Novellen Jonathan Carrolls«. © 1993 by Stefan Linder.

Volkher Hofmann, »Die Zerstörungskraft des Phantastischen: Einige subjektive Anmerkungen zu Jonathan Carrolls Erzählungen«. © 1993 by Volkher Hofmann.

Michael Engelbrecht, »Literarische Fischsuppe und Blumen aus Afghanistan: Zu Besuch bei Jonathan Carroll«. © 1993 by Michael Engelbrecht. Erschien zuvor unter dem Titel »Eine Literarische Fischsuppe und Blumen aus Afghanistan: Zu Besuch bei Jonathan Carroll« in einer kürzeren Fassung in: *Jazzthetik*, Juni 1990.

Uwe Vöhl, »Das Land der Väter«. © 1993 by Uwe Vöhl.

D. H. Olson, »Ein Gespräch mit Jonathan Carroll« (Originaltitel: »An Interview With Jonathan Carroll«). Erschienen in: *Tales of the Unanticipated* #9, Fall/Winter 1991/1992, published by the Minnesota Science Fiction Society. © 1991 by D. H. Olson.

Jonathan Carroll, »Die Elchkirche« (Originaltitel: »The Moose Church«). Erschienen in: *A Whisper of Blood*, herausgegeben von Ellen Datlow (New York: William Morrow, 1991). © 1991 by Jonathan Carroll.

Frank Duwald, »Bibliographie«. © 1993 by Frank Duwald.

ÜBER DIE AUTOREN

Frank Duwald. Hauptberuflich Kalkulator in einem Handwerksunternehmen. Autor von Buchkritiken und Artikeln. Wohnt in Breckerfeld.

Michael Engelbrecht. Freier Journalist und Diplompsychologe. Wohnhaft in Dortmund.

Walter Gröbchen. Journalist in Wien.

Volkher Hofmann. Zur Zeit Studienreferendar. Veröffentlichungen von Kolumnen und Artikeln. Kenner der anglo-amerikanischen Phantastik. Lebt in Saarbrücken.

Stefan Linder. Zur Zeit Student der Biologie. Buchrezensionen. Geboren und wohnhaft in Augsburg.

D. H. Olson. Autor. Inhaber des Verlags Jwindz Publishing. Lebt in Minneapolis, USA.

Wolfgang Ritschl. Journalist in Wien.

Franz Rottensteiner. Redakteur der Phantastischen Bibliothek bei Suhrkamp. Autor bzw. Herausgeber einiger Sachbücher zur phantastischen Literatur. Literarischer Agent und Übersetzer. Geboren und wohnhaft in Wien.

Uwe Vöhl. Hauptberuflich Werbetexter. Autor einiger Romane und Kurzgeschichten. Buchkritiken. Rege Redaktionstätigkeit. Vater von zwei kleinen Söhnen. Lebt in Bad Salzuflen.

Leseprobe aus
»Karl May - Ein Popstar aus Sachsen«

Karl May, der Popstar. Schon zu Lebzeiten. Auf Promotion-Reisen empfängt er bis zu 800 Besucher täglich. In München muß die Feuerwehr anrücken und die von Hunderten von Fans besetzte Straße vor dem Hotel freispritzen. In Bonn entdecken Fans den Mayster beim Friseur, stürmen den Laden und entführen die abgeschnittenen Haarlocken vom Boden. Fan-Post, adressiert an »Mr. Shatterhand, Dresden« oder »Herrn Schriftsteller Karl May« ohne jegliche Ortsangabe erreicht den Empfänger. .... Heiratsanträge, *meist ohne Vorwissen der betreffenden Dame von Verwandten oder Vormündern an mich gerichtet*, stapeln sich in der »Villa Shatterhand« wie ein halbes Jahrhundert später in »Graceland«. Bildmotive aus Karl-May-Romanen werden, »zur Zimmerzierde vorzüglich passend, im großen Format und Oelfarbendruck«, als Poster vertrieben - 1883! Ein armer Webersohn, zu allem Unglück während seiner Kindheit auch noch erblindet, nach weiteren Schicksalsschlägen auf die kriminelle Bahn geraten und für mehr als sieben Jahre in verschiedenen Gefängnissen inhaftiert, beginnt eines Tages, sein gekränktes Ich in phantastischen Wunschträumen in einen omnipotenten Superman zu verwandeln, und wird damit zum meistgelesenen Schriftsteller deutscher Zunge - ein beinahe unglaubliches Schicksal, hinter dem die amerikanische Mär vom Tellerwäscher, der zum Millionär aufstieg, fade verblaßt. Und doch geschah es so, vor nunmehr einhundert Jahren, nicht in Amerika, sondern - in Sachsen.

Und die Geschichte fährt noch wahnwitziger fort. Die Leser rissen dem armen Webersohn, der das seltene Glück hatte, eine Schule besuchen zu dürfen, nicht nur jede neue Fortsetzung seiner »Reiseerzählungen« aus den Händen - sie begannen bald schon, ihn selbst, den kurzsichtigen, kränkelnden, kleinen Mann, für den »Weltläufer« zu halten, der 1.200 Sprachen beherrschen wollte und die Nationalität und den Gesundheitszustand eines Reiters an den Hufspuren seines Pferdes im Wüstensand identifizierte. *Ich bin wirklich Old Shatterhand resp. Kara Ben Nemsi und habe erlebt, was ich erzähle*, behauptet - und glaubt - der zum ersten deutschen Popstar Avancierte...

Klaus Farin
Karl May - Ein Popstar aus Sachsen
160 Seiten, ISBN 3-910079-50-4, DM 22,-
taschenführer populäre kultur 1

»*Zounds! All devils!* **Ein Buch für die ganze Familie.«**
tip, Berlin

Leseprobe aus
»Hans Fallada - Welche sind, die haben kein Glück«

Welche sind, die haben kein Glück - knapper ließe sich der dreiundfünfzig Jahre währende Überlebensversuch des Rudolf Ditzen alias »Hans im Glück« (welch ein Hohn!) Fallada nicht auf den Punkt bringen. Schon in den frühesten Kindertagen zog er Unfallsituationen magisch an, pflegte er keiner Krankheit aus dem Weg zu gehen. Er galt als eigenbrötlerisch, leicht zu kränken, körperlich und psychisch schwach. Auf Angriffe und Forderungen seiner Umwelt reagierte er vorzugsweise mit sofortiger Flucht - zumeist in Krankheiten und Drogenwelten; aber auch Selbstmordversuche sind überliefert.

Die Eltern vermochten ihm nicht zu helfen; für sie zählten Leistung und Disziplin - und sonst wenig: preußische Sekundärtugenden als Rettungsanker in den hohen Wogen des gesellschaftlichen Umbruchs der Jahrhundertwende. Schwächen zu zeigen war im Hause des Reichsgerichtsrats Ditzen verpönt, der ewige Unglücksrabe ein peinliches Ärgernis, dessen man sich dann auch schnellstens durch Abschiebung in die Psychiatrie entledigte.

Hans Fallada fühlte sich schon in früher Jugend ungeliebt und verkannt. Denn je weniger Gutes ihm seine Mitmenschen zutrauten, desto überzeugter war er selbst von seinen Fähigkeiten. Je mehr die Eltern und Lehrer seine literarischen Ambitionen für verrückt erklärten, desto sicherer spürte er, daß er einst ein großer und berühmter Schriftsteller sein würde. Als schließlich die häufigen Krankheiten und Unfallfolgen seine Isolation verstärkten, konzentrierte sich all sein Streben auf nichts als sein eigenes, gekränktes ICH.

Als Mensch war Hans Fallada mitunter wohl nur schwer erträglich. Vor allem in Zeiten hohen Drogenkonsums - und wann gab es für ihn schon einmal drogenfreie Momente - wurde er schnell für seine Umgebung zum Tyrann. Ein Choleriker vor dem Herrn, ein krankhaft mißtrauischer Narziß, ein Säufer und Schläger, dem man die zarten Kindergeschichten und sensiblen Menschenportraits, die er auch zur gleichen Zeit niederschrieb, nicht zutrauen möchte.

Klaus Farin
Hans Fallada - Welche sind, die haben kein Glück
144 Seiten, ISBN 3-910079-52-0, DM 22,-
taschenführer populäre kultur 3

Die phantastischen Bücher

Michael Siefener: BILDWELTEN und andere Schauergeschichten
145 Seiten – Engl Broschur – ISBN 3-926829-20-6 – DM 20,00
Drei Geschichten versammelt Michael Siefener in seinem Band, die sich bewußt auf die Tradition der anglo-amerikanischen Schauerliteratur beziehen und dennoch erzählerisch und inhaltlich modern sind. Die Abgründe einer Welt jenseits der uns bekannten Deutungen von Erfahrungen tun sich auf im Traum, im Wahn, im Rausch, in der Kunst, in Krisensituationen. Die Geschichte vom Maler, der seine schockierenden Visionen auf die Leinwand bannen will. Die Geschichte vom Verleger, der mit einem rätselhaften Manuskript auf ganz unkonventionelle Weise umgeht. Die Geschichte vom verkannten Dichtergenie, das eine höchst poetische Methode zum Erfolg sucht. Drei Geschichten, die beweisen, daß auch hierzulande anspruchsvolle Schauerliteratur eine Heimat hat.
(März '93)

Jörg Weigand: ISABELLA oder eine ganz besondere Liebe
Eine Novelle aus heutiger und vergangener Zeit
84 Seiten – Engl. Broschur – ISBN 3-926829-19-2 – DM 14,00
Holger Heberg, Computerspezialist um die 50, hat berufliche Schwierigkeiten. Um sich über seine Situation und seine Zukunftsplanung klarzuwerden, reist er ins thüringische Camberg. Dort hofft er beim Stöbern in geschichtlichem Kulturgut und bei ausgedehnten Spaziergängen, Ruhe und Muße zu finden. Sein Lieblingsplatz, wo er ungestört nachdenken und träumen kann, ist mitten im Wald die Cyriaks-Kirche, die während der Bauernkriege niedergebrannt wurde und in der es seitdem spuken soll. Doch eines Tages sitzt jemand auf »seiner« Bank, eine junge Frau, die ihn fasziniert und ihm neuen Lebensmut gibt ...
Jörg Weigand legt mit ISABELLA seinen ersten längeren erzählerischen Text vor eine Novelle in der besten Tradition der klassischen Schauer-Erzählung.
(März '93)

Andreas Fieberg: DER TRAUMPROJEKTOR - skurrile Geschichten
150 Seiten – Engl. Broschur – ISBN 3-926829-15-X – DM 20,00
Wie in Träumen, in denen sich unsere vertraute Wirklichkeit auflöst und ins Absurde umschlägt, erzählen siebzehn Geschichten von tanzenden Marionetten, asketischen Rauchern, genußsüchtigen Dicken, Untergangspropheten, Zwischenfällen nach Ladenschluß, destillierten Gefühlen ausgetauschten Herzen, folgenschweren Familienbesuchen, Uhrenspielen ... und von anderen Begebenheiten aus dem Kuriositätenkabinett der Phantasie.

Das Buch ist ein Lesetip für alle diejenigen, die sich gerne mit phantastischer Literatur beschäftigen. (...) Hier ist Lesestoff, der sich außerhalb der üblichen Themen bewegt.
Andromeda Nachrichten Nr. 140

In Vorbereitung (Herbst '93):
Jörg Weigand (Hrsg.): DER SÜSSE DUFT DES BÖSEN
Eine Anthologie der aktuellen deutschsprachigen Phantastik
Mit Beiträgen von Rainer Erler, Gisbert Haefs, Monika Niehaus-Osterloh, Jörg Weigand, Uschi Zietsch und anderen.

Im Buchhandel oder direkt beim Verlag

Fordern Sie bitte auch unser kostenloses Gesamtverzeichnis an!

EDITION DÄDALOS
erzählende Literatur jenseits der ausgetretenen Lesepfade

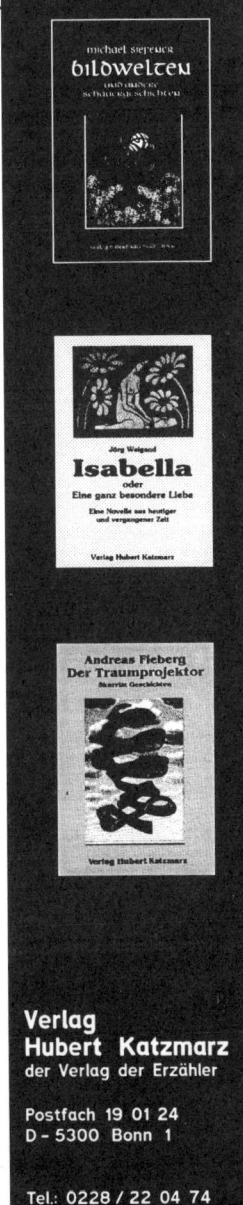

**Verlag
Hubert Katzmarz**
der Verlag der Erzähler

Postfach 19 01 24
D - 5300 Bonn 1

Tel.: 0228 / 22 04 74
Fax: 0228 / 21 13 14

Die neue Dimension des Taschen-Buchs!

DAS DINOSAURIER-FILMBUCH
Von »Gertie the Dinosaur« bis »Jurassic Park«

von Bernhard Kempen und Thomas Deist
taschenführer populäre kultur 5
gebunden, 160 Seiten, ISBN 3-910079-54-7, DM 22,-

Die Dinosaurier beherrschen die Leinwand! Seit den ersten Gehversuchen von »Gertie the Dinosaur« haben sie sich zu immer eindrucksvolleren Film-Monstern entwickelt und Generationen von Kinogängern in ihren Bann gezogen. Bernhard Kempen und Thomas Deist begeben sich auf einen faszinierenden Streifzug durch die Geschichte des Dinosaurier-Films und die Möglichkeiten der Tricktechnik. Nicht nur für Dino-Fans unverzichtbar!

RAUMPATROUILLE
Die phantastische Geschichte des Raumschiffes ORION

von Jörg Kastner
taschenführer populäre kultur 4
gebunden, 160 Seiten, ISBN 3-910079-53-9, DM 22,-

Wer hat Angst vor STEPHEN KING?

von Uwe Anton
taschenführer populäre kultur 2
gebunden, 160 Seiten, ISBN 3-910079-51-2, DM 22,-

Außerdem erschienen:
Hans Fallada - »Welche sind, die haben kein Glück« von Klaus Farin
taschenführer populäre kultur 3
gebunden, 144 Seiten, DM 22,-, ISBN 3-910079-52-0
Karl May - Ein Popstar aus Sachsen von Klaus Farin
taschenführer populäre kultur 1
gebunden, 160 Seiten, DM 22,-, ISBN 3-910079-50-4

Gerne informieren wir Sie auch über **Das Jahrbuch zur phantastischen Literatur**: **Der Golem** sowie unsere Reihe »Texte und Materialien zur phantastischen Literatur«.

Bitte fordern Sie auch kostenlos ein aktuelles Probeexemplar unserer Zeitschriften »COMIC *Speedline*«, »Science Fiction Media« und »Solaris« an!

Wir informieren Sie phantastisch!
Verlag Thomas Tilsner
Karl-Theodor-Str. 66 • 80803 München
Tel. 089/3089663 • Fax 089/3008806